25歳からの国会

武器としての議会政治入門

平河エリ

現代書館

まえがき

　ある冬の、寒い日曜日のことです。友人と焼き鳥を食べているとき、たまたま私が民主主義の価値について力説したところ、思いもかけない大激論になりました。

　友人は「そもそも、民主主義の価値って一体何？」と私に問うたのです。

「アメリカの医療は破綻している。お金持ちでなければ骨折を治すことすら出来ない。アメリカ人は「民主主義」は素晴らしいと言うけれど、私の目から見れば、ファンタジーの中に生きているように見える。だいたい、ろくに政治について知らない人の投票で国の政策が決まるなんておかしい」

　私は議会政治を専門にするライターとして、5年以上記事を書き続けています。もともとは政治ブログを書き始め、やがて様々な媒体で、政治に関する記事を書くようになりました。あるときは日本政治について、あるときは海外政治について。

しかし、民主主義の価値とは一体何でしょうか？　改めて考えると、答えるのは容易ではありません。私は考え込み、この本が生まれました。

「25歳」は、私が政治について書き始めた年齢であると同時に、被選挙権を得る、すなわち立候補できる年齢です。私が知る限り、政治家というのは極めて過酷な職業です。心身ともに疲弊し、落選すれば一家離散したり、生活が崩壊することがあります。だからこそ、あえて「被選挙権」を区切りに、多くの人に、日本や海外の議会政治について知ってもらいたい、と思い、このタイトルを付けたのです。

民主主義を疑え

民主主義は揺らいでいます。

「民主主義」の先進国であるはずのアメリカでは一日何十回も大統領が嘘をつき、選挙で落選すれば「不正だ」と騒ぎが起きる。毎年のように銃の乱射が起こり沢山の人間が死んでも、銃が規制される見通しは立たず、国民皆保険制度すら存在しません。

そして、日本においても、国民に選ばれたはずの政治家が不正を犯したり、まともに質問に答えなかったり、あるいは嘘をつく姿がメディアを通じて四六時中流れてきます。

こんな世の中で、「民主主義」というフレーズだけを盲目的に信じてしまうことは、むしろ、不自然なことであり、民主主義の価値を一度疑うほうが自然なのかもしれません。

かつて、民主主義は繁栄と豊かさの象徴でした。第二次世界大戦においては、全体主義の非民主的国家が集まった枢軸国と、民主主義国家（だけではありませんが）による連合国、という対立軸がありました。大戦後、人々はこぞって王政を打倒し、アジア・アフリカ諸国は民主革命によって植民地を脱しました。

冷戦期においても、アメリカとソビエト連邦の豊かさを比べればその差は明白でした。人々の平等を謳ったはずの共産主義は、格差はあれど生産力を向上させられる資本主義の前に敗北したのです。20世紀においては、民主主義国家と非民主主義国家のどちらが自由で、誰もを幸せにするのかは明白だったのです。

しかし、今やどうでしょうか。中国は民主主義抜きで高度な資本主義社会を実現し、格差はあるものの都市部の富裕層はアメリカの富裕層に負けないほど豊かになりました。更に、巨大市場を活かして次々とグローバルな大企業を誕生させ、テクノロジーや研究の分野でもアメリカを凌ぐほどになりました。

とはいえ、この繁栄がいつまで続くかはわかりません。ソビエト連邦は１９３０年代、世界恐慌の影響を受けずに「計画経済」を活かして、世界第二位の工業国家となりました。しかし、やがて経済の破綻が明らかになり、１９６０年代以降アメリカに追いつくなどというのは夢物語になっていました。

かつては宇宙開発においてもソ連はアメリカの先を行き、有人宇宙飛行を成功させるなど大きな飛躍を遂げましたが、その後停滞しました。

今後、中国がどのように発展していくのかはまだわかりません。しかし、中国の成長を見ていると、繁栄や豊かさ、幸せと、民主主義や自由が不可分な結びつきではないかのように見えてしまうのではないでしょうか。

ケンブリッジ大学の調査によると、１６０カ国以上のミレニアル世代（１９８１〜１９９６年生まれ）の民主主義に対する満足度はわずか45%であり、この１００年で最低であるそうです。

今、我々は民主主義の価値が問い直される時代に生きています。民主主義は単に自由に海外に行けたり、ＶＰＮ抜きでインターネットに繋げたりするだけの価値ではありません。それは、事実の価値であり、議論の価値であり、人間の尊厳の価値です。

我々は、民主主義が混乱し、非民主的国家が豊かになっていく世の中で、なおも民主主義の価値を信じ、それを推し進め、そして守っていくという、困難な任務を背負っているのです。なぜなら、一度民主主義が失われてしまえばそれを取り戻すのは極めて難しいからです。我々は、一人ひとりが民主主義の担い手なのです。

議会制民主主義は非効率

民主主義、とりわけ間接民主制や、議会制民主主義は誤解されている、と私は思っています。

議会はもともと、強大な権力を持つ国王を監視する機関としてイギリスで生まれました。その中で少しずつ、王に代わって国を動かす「首相」という仕事が生まれただけであり、議会の本来の役割が監視と審査にあることは明白です。

このように、監視機能を果たすはずの議会ですが、近年槍玉に挙げられることも多く、「なんでも反対しているだけ」と思われているようです。ある意味では真実です。議会は審査をするだけであり、法案を成立させられるのは、ほとんどが行政府です。

立法府の権限が強まれば「決められない政治」などと批判が強まります。世論の後押しもあって、近年は行政府の力が強まっています。

大きな誤解ですが、議会制民主主義とは、より良い答え、正しい答えを見つけるための仕組みではありません。正しい意思決定ができるかどうかは為政者の能力と権限にかかっており、為政者が有能であるかどうかという点について、民主主義は保障できるものではありません。

シンガポールを発展に導いたリー・クアンユーの例を出すまでもなく、非民主的（あるいは完全な民主主義を実現していなかった）国家が優秀なリーダーの強力な権限を背景に発展することは決して珍しいことではないのです。

では、一体、民主主義にいかなる価値があるのか。民主制国家は、一定期間による権力の入れ替えと、権力の新陳代謝を可能とする唯一の仕組みなのです。

ジョージ・オーウェルの『１９８４』（高橋和久訳）にこのような言葉が出てきます。

「権力は手段ではない、目的なのだ。誰も革命を保障するために独裁制を敷いたりはしない。独裁制を打ち立てるためにこそ、革命を起こすのだ。迫害の目的は迫害、拷問の目的は拷問、権力の目的は権力、それ以外に何がある」

権力というのは本質的に目的であって手段ではありません。

そして、権力は自ら肥大していくものです。循環論法的ですが、縮小していく権力はもはや権力とは言えないからです。権力は拡大し支配を強めるからこそ権力足り得るのです。

これに対して、民主政治は国民一人ひとりを権力の主体と定め、それを憲法典で明文化することで、権力の主体と行使者を分けるという仕組みをとっています。そして、定期的な選挙により、たとえ肥大した権力であったとしても、それが一定の期間の後返上される仕組みをとっています。

このような仕組みを持ち、いわばそれ自体が一つの生命として新陳代謝を繰り返すことができる権力形態は他に類を見ないものです。かつて権力は王の死とともに終わりましたが、今日の権力は任期切れとともに終わります。

なぜ間接民主制なのか

民主主義は、二つに分けられます。一人ひとりが直接投票して多数決で決める直接民主制と、選ばれた代議員が議会を通じて決める間接民主制です。ルソーは直接民主制のみを真の民主主義と評しました。確かに、国民が直接投票できる国民投票は、いかにも「民主主義」というイメージがあり、逆に議会の中で議員が勝手に決めてしまう間接民主制は、民意を反映していないように見えるかもしれません。

日本でも、憲法改正の国民投票や、近年は自治体への特別区導入の住民投票など、直接投票に触れる機会が増えています。

いったい、間接民主制の本質とはなんでしょうか。それは、妥協と合意です。単純な多数決において、51対49は、１００対０と変わりません。たとえ僅差であっても、勝ってしまえばそれで終わりです。

しかし、議会制民主主義においては、51が49を汲み取るために議会がしっかりと話し合い、互いによりベターな選択をするために結論を出せるのです。

これは、大統領のような公選制の国家元首と、議会に選ばれる首相の差で考えても同じです。日本でいえば、様々な政党が選挙において議席を得て、もし僅差であったら連立政権を組んで互いに政策協定を結ぶ必要があります。

間接民主制は、AかBの二択を迫るものではありません。互いに妥協し、納得のいくCという結論や、そもそも互いにWIN－WINでないなら妥協するというDの結論も出し得ます。

そのように様々な意見を持ち寄って合意形成をするために、年間1000億近い予算が国会に払われているのです。

日本の国会の現在地点

日本は明治維新によって帝国議会を発足させましたが、その被選挙権は一定の税金を納めた男子のみに与えられる、と著しく制限されたものでした。やがて新体制運動などとともに議会はその力を失い、結果として帝国議会は戦争への突入を防ぐことが出来なかった、と戦後批判されます。

そして、日本国憲法の発布とともに新しい選挙と新しい議会が始まり、まさに憲法の理念たる基本的人権の尊重や国民主権を体現するための「国権の最高機関」として国会は今なお存在しています。

残念ながら、日本の国会の現状は暗いものであると言わざるを得ません。公文書改ざんや虚偽答弁が横行し、それに対し議会が十分な自浄作用を発揮しているとは言えない状況です。

新陳代謝するはずの権力は、世襲という形で親から子へ受け継がれ、国会は二世・三世、はては四世議員で溢れかえっています。そのように権力を継承した議員はよほどのスキャンダルでもない限りは落選せず、選挙という民主政治の根幹が、血統という極めて前近代的なファクターで歪められています。

そして、ジェンダーギャップの是正は遅々として進まず、2021年現在で衆議院の女性議員比率は10％にも満たない状況です。このような状況の中、「どうせ変わらない」「誰がやっても同じ」と考えるのは、決しておかしいことではありません。

政治と関わるということ

しかし、考えてみてほしいことがあります。もし関わらなければ、もっと悪くなるかもしれない、ということです。

国に住むというのは家に住むことと同じです。国の仕組みも家も、一度完璧なものを建てて終わり、ということはありません。住んでいればいずれ汚れ、ゴミが溜まります。残念ながら。政治と関わるということは、掃除と同じようなものです。一度やれば終わりということはありません。もしかすると、あまりのゴミの多さにうんざりすることがあるかもしれない。それでも、もしそれを怠れば、たちまち家はゴミで一杯になります。

もう少しポジティブな例を出せば、ランニングと考えてみてもいいかもしれません。一度のランニングで劇的に健康になることはありません。しかし、続けていけば必ず変化は出ます。

本書はそのように気が重く、また気の長い政治と民主主義への関わりのお供になるよう、可能な限り平易に、かつ中立的な目線で書いた「教科書」的な本です。

議会政治の歴史について、議事録をあさり、過去の議員の発言を引用しながら、議会の仕組みや慣習、あるいは今後議会がどうあるべきかについて忌憚なく記していきます。

変化の大きな世の中ですが、おそらく民主主義と議会がなくなることはありません。多くの先人達が、バトンを繋いできました。今度は我々が、受け取る番です。

25歳からの国会

武器としての議会政治入門

目次

第3章 国会が動くとき

第4章 野党の役割

総理大臣と国会

第1章

総理大臣と国会、どちらが偉い？

こんな疑問に答えます
・国会はなぜ「最高機関」と呼ばれるのか
・総理大臣と国会の関係性とは
・日本の国会の特徴とは

日本で一番偉い人は誰でしょうか。こう聞かれると多くの人は総理大臣と答えるに違いありません。しかし、本当にそうでしょうか？　そんな問いに答えるために、第一回国会における昭和天皇の言葉を紹介したいと思います。

本日、第一回國会の開会式に臨み、全國民を代表する諸君と一堂に会することは、わたくしの深く喜びとするところである。

日本國憲法に明らかであるように、國会は、國権の最高機関であり、國の唯一の立法機関である。したがつて、わが國今後の発展の基礎は、一に國会の正しい運営に存する。

今や、わが國は、かつてない深刻な経済危機に直面している。この時に当り、われわれ日本國民が眞に一体となつて、この危機を克服し、民主主義に基く平和國家・文化國家の建設に成功することを、切に望むものである。

昭和天皇勅語
昭和22年6月23日　第1回国会　衆議院本会議

日本の最高権力者は誰？

総理大臣は「行政府の長」です。憲法41条にこのように定義されているように、国の「最高機関」は紛れもなく国会です。

日本国憲法第四十一条
国会は、国権の最高機関であつて、国の唯一の立法機関である。

「国権の最高機関」という言葉にある通り、この国の統治機構において最も上位にあるのが国会である、ということは憲法において規定されています。

ただし、憲法学において、この「最高機関」という言葉は、「政治的美称説」が通説です。

❖政治的美称説とは❖

「国権の最高機関」とは、単なる政治的美称であり、憲法上特に意味を持っていないという説

内閣総理大臣は、行政府のトップです。しかし、行政府といえども、予算を提出する先は国会であり、そして、同時に、内閣総理大臣を指名するのも国会です。

しかし、この国において、国会が「最高機関」であると認識している人は、どれほどいるでしょうか。

残念ながら、国会の最高機関性は憲法において死文化し、行政府の権限が名実ともに強まっている傾向にあります。

なぜ国会が「国権の最高機関」なのか

なぜ、国会は国権の最高機関なのでしょうか。

日本は民主主義国家です。端的にいえば、、国民が一番偉いということです。憲法第一条にも、下記の通り国民主権が規定されています。

日本国憲法第一条

天皇は、日本国の象徴であり日本国民統合の象徴であって、この地位は、主権の存する日本国民の総意に基く。

ところが、我々に主権があると言っても、実態として日本国民全員がそれぞれ意見を言って、合意形成することは出来ません。そのため、我々の代表を選出し、その中で議論をして合意形成や投票を行う。これが議会制民主主義です。

そして、この議会制民主主義の中で、実際の業務を執行するリーダーを選び出すのが首班指名であり、これによって選ばれるのが内閣総理大臣です。

日本国憲法第六十七条

内閣総理大臣は、国会議員の中から国会の議決で、これを指名する。この指名は、他のすべての案件に先だつて、これを行ふ。

衆議院と参議院とが異なつた指名の議決をした場合に、法律の定めるところにより、両議院の協議会を開いても意見が一致しないとき、又は衆議院が指名の議決をした後、国会休会中の期間を除いて十日以内に、参議院が、指名の議決をしないときは、衆議院の議決を国会の議決とする。

会社で言えば、取締役会と、執行役員に当たります。選ぶ方と選ばれる方で言えば、選ぶ方が偉いのです。

実態としては、議会で多数を握る与党のトップが内閣総理大臣となるため、いくら三権分立と言っても、日本では行政と立法が明確に分けられるわけではありません。

しかし、ここで考えていただきたいことがあります。議院内閣制は、なぜこのような権力分立が不十分な仕組みになっているのでしょう？

「総理大臣」のルーツ――君臨すれども統治せず

その矛盾を考えるためには、「総理大臣」のルーツを辿る必要があります。そもそも、「総理大臣（首相）」という職種は、どのようにして誕生したのでしょうか。

議会政治の母国はイギリスですが、一般的には、オーフォード伯ロバート・ウォルポールが「最初の首相」と言われています。イギリスでは名誉革命において、王に対する議会の優越が決まりましたが、その後も明確な「国のリーダー」は決まっていませんでした。

当初、議会はあくまで、王が行う行政の歯止めとしての役割を果たしているだけであり、行政権は王が保持していたからです。

しかし、ウォルポールの時代、王であったハノーヴァー朝ジョージ1世はドイツ生まれのドイツ育ちであり、英語をほとんど理解できませんでした。

結果、ジョージ1世はほとんどの政務をウォルポールに任せることになり、これがいわゆる「君臨すれども統治せず」のイギリス型立憲君主制を作り上げたと言われています。

そして、財務を預かる大蔵委員会のトップである「第一大蔵卿」が「Prime Minister（第一の閣僚）」という俗称で呼ばれるようになったのです。

やがて議会が選んだ行政のトップは俗称ではなく正式に首相と呼ばれるようになり、時代が下るに従って、行政権も少しずつ首相及び首相が組織する内閣に移行していきました。

しかし、立憲君主制を採る国においてあくまで国家元首は国王であり、首相ではありません。日本の象徴天皇制をそれに含めるかは議論のあるところですが、いずれにしても、内閣の長である首相（または議長）と、行政の長・国家元首である大統領を分ける大統領制とは国の成り立ちが根本的に大きく異なることがわかります。

「行政」とは何か

ここからわかる通り、絶対王政の国家が、まず行政権を制限するための機関として議会を立ち上げ、王の行政権を国民が選ぶ代表に移管していく中で生まれた職種が、「首相（総理大臣）」なのです。

総理大臣の権威や権力というのは、あくまで議会というものを前提に、初めて存在するものです。

そして、その議会を選ぶのは我々主権者国民ですから、日本で一番偉いのが我々国民である、というのが、議会制民主主義における権力構造です。

しかし、このような「最高機関」という憲法上の定義にもかかわらず、従来、政治学の世界においては、国会は形式的に手続きするものに過ぎないという「国会無能論」が唱えられてきました。

従来の国会に関する見解を大別すると、多くは国会が行政機関の推進する立法活動を形式的に裁可するに過ぎないものとみなしており、国会が憲法上、国権の最高機関としての地位を与えられていることに留意するものは僅かである。

川人貞史・増山幹高「権力融合と権力分立の立法過程的帰結」

法案の成立率は、衆議院と参議院で多数政党が変わる「ねじれ国会」でもない限り、90％を超え、内閣が提出したほとんどの法案は成立します。最高機関でありながら総理大臣を選ぶ以外に実質的な権能をほとんど有しないのが日本の国会である。これが政治学における通説だったのです。

日本の国会の特徴

日本の国会の特徴としては、下記のようなものが挙げられます。

会期制度

国会には「会期」があり、一つの会期で審議され、継続審議しないものは廃案になります。

これは日本の国会の一つの大きな特徴です。

ここから生まれるのが「日程闘争」です。野党側は反対する法案についてはできるだけ審議を長引かせ廃案に持っていく、与党側はできるだけ早く法案を成立させる、という対決構造になります。

また、臨時国会など政府側に開くかどうかについて裁量があるケースが多いため、この点でも与党と野党が日程を巡って大きく闘争することになります。

開かれていない期間（閉会期間）が長い

通常国会は1月に開かれ、会期は通常150日間（延長も可能）です。つまり、臨時国会が開かれない限り、残りの200日程度は開かれない計算になります。

一年の半分程度国会が閉じているというのはやはり諸外国と比べても異質と言えるのではないでしょうか。

また、この間は質問主意書の提出など文書による国会活動も行えないことも、特徴として挙げられます。

事前審査制（多数政党が事前に政府の法案を審議する）

日本の国会では、通常与党による政策部会を経て法案が内閣から提出されます。この政策部会は非公開で行われ、ときには大臣や三役が出席、喧々諤々の議論が行われるようですが、残念ながらその様子を国民が見ることは出来ません。

つまり、法案が提出されるときは与党内の審議が終わっており、与党側の質問はすべて儀礼的なものとなります。

この点は、ときに与党議員が厳しく追及するイギリス議会などと比べて大きな違いがあります。

それぞれの国の国会は、違った成り立ちによって作られており、一概に何が正しいかと言うことは出来ません。しかし、日本の議会制度・選挙制度は欧州の国に比べて時代に合わせた変化が少ないのも事実です。

本当に正しい政治を行っていく上では、統治機構のあり方、立法府・議会政治のあり方、行政と立法の関係などを不断に見直していく必要があります。

日本国憲法第十二条

この憲法が国民に保障する自由及び権利は、国民の不断の努力によつて、これを保持しなければならない。

民主主義＝多数決じゃないの？

こんな疑問に答えます
- なぜ、多数決だけが民主主義ではないのか
- 少数の声を残す価値とは
- 多数派が抑制的である意味とは

民主主義はイコール多数決である、そんな誤解がよくあります。

しかし、単純な多数決だけで全てを決めてしまうなら、立法府など存在する必要がありません。

多くの法案は多数派の政党群によって構成される内閣により提出されます。多数を代表する内閣とは別に、様々な意見を持った人を代表するために国会があるのです。

多数決をやる前には、議論しなければならないことがある、ということを示しているので

はないでしょうか。

いいですか。仲間内で御飯を食べに行こう、すしにしようか肉にしようか。意見が分かれたら多数決で物を決める、みんながそう言っているから、じゃ、きょうはそうしようというのはわかります。

しかし、例えば、その中に足が不自由で車椅子の方がいらっしゃれば、ほかの皆さんが、あの店がうまいからここにしようとみんな思っていたとしても、車椅子の方ではなかなか入れない、バリアフリーになっていない店は除いて、その中でみんなの多数意見はどこだろうかと聞くのは当たり前じゃないですか。

枝野幸男衆院議員
平成30年7月20日　第196回国会　衆議院本会議

多数決と民主主義の違い

「民主主義は多数決ではない」と言うと、多くの批判が起きます。民主的な選挙によって選出された議員であれば、何をしたとしても民主的。こう思う人も、少なくないのかもしれません。

選挙によって選ばれた政権であるから民主的、多数決さえあれば民主的、という考えは、我々の中に刷り込まれています。

しかし、選挙という制度自体は、必ずしも民主主義国家と呼ばれる国だけにあるものではありません。

朝鮮民主主義人民共和国にも、中華人民共和国にも、香港特別行政区にも、選挙はあります。大政翼賛会が結成された帝国議会においても選挙は実施されていました。

また、ワイマール憲法という極めて先進的な民主的制度をとっていながら、国家社会主義ドイツ労働者党（ナチス）の台頭を許した第一次世界大戦後のドイツという事例もあります。

非民主主義国家と民主主義国家を分けるものは何なのでしょうか。民主主義の尺度を図るものは、選挙を実施しているかだけでなく、法律の条文や慣習的な不文律がいかに守られているか、という部分にあります。

非民主主義国家、すなわち中華人民共和国や朝鮮民主主義人民共和国の選挙は、あくまで「統治の正当性を保証するもの」で、それにより国家体制が転覆することはありません。

これは、日本が非民主主義国家であった時期もそうです。翼賛選挙と呼ばれた東条英機内閣下の第21回衆議院議員総選挙においては、多数（およそ18％）の大政翼賛会非推薦議員が当選（その中には、のちの総理大臣である鳩山一郎と三木武夫も含まれている）し、非推薦議員の得票率は35%にも上りましたが、戦争の帰結には影響しませんでした。

選挙というのはあくまで「民衆からの支持を受けた政権である」という統治の正当性を保証し、強化するものに過ぎません。

なぜ民主主義国家において選挙が必要であるか。それは、複数の統治者を前提にし、法で制度を作る民主主義国家そのものが脆弱な部分をはらんでいるからです。

選挙が民主主義の心臓、というよりも、法の支配と複数政党制が民主主義の心臓であり、選挙はその二つを生きながらえさせるための血液、と考えるべきです。

選挙による結果は一時的なものです。我々の主権は、多数であるから保障されるものではなく、あるいは少数であるから失われるものでもありません。

単純に多数の意見を聞く、あるいは多数であるから少数者の意見は無視してもいい、という論理は、決して民主的ではないのです。

権力の抑制

かつて、総理大臣は権力に対して抑制的でした。

多数が少数を抑圧してはならないという行動規範は、ある時期までの総理大臣には共有されていました。例えば、昭和五十一年の本会議ではこのような質問がありました。

議会の子をもって任ずる三木総理は、この言葉の重みを十分かみしめ、与党の総裁として、多数決万能に走らず、真に表決堂から議事堂にするよう強く要求いたしまして、私の質問を終わります。

山崎昇参院議員
第77回国会　参議院本会議　昭和51年1月28日

この質問に対して、当時の三木武夫総理はこのように述べています。

国会運営について多数決というものを乱用したりしないで十分議論を尽くすべきである。尾崎咢堂先生の国会における発言なども引用されましたけれども、私はやっぱり議会政治というものは少数者の意見を尊重するということが必要なことは、山崎君の御指摘のとおりでございます。

しかし、その少数者の意見は、審議の過程を通じて少数者はいろいろ発言をして、しかも、それに対してできるだけ尊重するという態度は必要ですが、しかし、最後はやはりこの賛否に対して表決で決めるというのが議会政治のルールであります。

表決で決めるということがないならば、いろんな法案を出しても、これに対して決着はつかないんでありますだから、最後は賛否を表決によって決めると、これがやっぱり議会政治の原則であります。それに至るまでの過程において少数者の意見というものをできるだけ尊重するという態度が要ることは申すまでもないということでございます。

そういうことで、今後は、自民党が多数だからといって、私はその多数を乱用するという考えはありません。やはり国会の正常な運営というものを私は願っておるものですから、できるだけ「対話と協調」という議会政治を円滑に運営さす潤滑油、これがやはり健全に働いて、そうして議会政治というものの健全な運営というものを私は願っておるものでございます。

三木武夫総理大臣

第77回国会　参議院本会議　昭和51年1月28日

議会政治は、国家というシステムを活かすための仕組みであり、それを活用することには、行政にとってもメリットがあります。だからこそ、歴代の総理大臣の中の多くの方々は立法府を尊重し、熟議を重んじてきました。

選挙は多数決ではない

多数が正しいわけではない、という実例を一つ、ご紹介します。２００１年、同時多発テロ事件により、アメリカ連邦議会はブッシュ大統領に武力行使の権限を認める決議を採択しました。

上院は全会一致で賛成。下院でたった一人で反対票を投じたのが、カリフォルニア州選出のバーバラ・リー議員です。彼女はこのように演説しました。

私たちは過去の過ちを繰り返すことはできません。

１９６４年、議会はリンドン・ジョンソン大統領に、侵略を防ぐために「必要なすべての措置を講じる」権限を与えました。

そうすることで、この議会は憲法上の責任を放棄し、わが国をベトナムでの宣戦布告なき戦争に突入させました。

その時、トンキン湾決議に反対するたった二人の投票者の一人であった、ウェイン・モース上院議員は、次のように宣言しました。

「次の世紀のうちに、未来の世代は、このような歴史的な過ちを犯そうとしている議会を、軽蔑と大きな失望をもって見ることになるだろう」

モース上院議員は正しかった。そして、私は今日も、議会が同じ過ちを犯すのではないかと危惧しています。その結果を恐れています。

私はこの投票に苦悩してきました。しかし、今日の国立大聖堂での痛ましく、美しい追悼式で、理解できたことがあります。

聖職者の一人が雄弁に言ったように、「私たちが行動するとき、私たちが軽蔑する悪になってはならない」のです。

彼女が語ったように、アメリカは大きな過ちを犯しました。この決議により、アメリカは泥沼の戦争に参加することになり、あまりにも多くの命が失われることになりました。

多数決は民意を集約する上でやむを得ないプロセスです。しかし、たった一人であっても、武力行使に反対した議員がいたことは、連邦議会の矜持を示したと言えます。

少数の声を残すこと、後世に議事録を残すことは、歴史に責任を持つということでもあるのです。

「法の支配」は、なぜ重要なの？

こんな疑問に答えます
- 法の支配とはなぜ重要なのか
- 行政の透明性の意味とは
- 君主制と民主主義の違いとは

「法の支配に基づいた〜」という表現があります。そもそも法の支配とは何か、皆様はご存知でしょうか？

法の支配というのは何か法がどこかにあってそれが支配していればいいという話ではなくて、「国民の一人ひとりが、統治客体意識から脱却し、自律的でかつ社会的責任を負った統治主体として、互いに協力しながら自由で公正な社会の構築に参画し、」

云々と、これが法の支配の一番根本に流れていないといけませんね。

江田五月参院議員
平成13年6月28日　第151回国会　参議院法務委員会

法の支配とは何か

法の支配は近代法系における基本原則です。

王は人の下にあってはならない。しかし、国王といえども神と法の下にある
ヘンリー・ブラクトン（Henry de Bracton）

このブラクトンの言葉に象徴されるように、絶対的な権力さえも、法律によってしばられる、という概念がイギリスにて生まれました。

誤解されやすいですが、ここで言う「法」は必ずしも憲法だけを指すものではなく、一般法や慣例、法解釈も含むものです。

法の支配は類似の言葉である立憲主義や法治主義よりも上位の概念として扱われることが

多いですが、ニュアンスの違いはあれど、似た意味で使われています。

すべての統治機構が法の支配のもとにあるからこそ、行政府（法のもとに執行する機関）と立法府（法律そのものを作る機関）が分かれており、これに司法を加えた三権が互いに監視し合う。これが、三権分立という概念の根幹といえます。

重要なことは、法律の条文だけを絶対視することではなく、統治主体である国民の主権を明確にし、行政や立法すら法のもとに一定の成約を受けていることを明確にすることです。

法の支配と国民主権の原則

先に述べた通り、民主主義とは国民に主権があることを意味します。行政の長（日本で言うところの内閣総理大臣）は、主権がある国民の代理として意思を表明する議会に選ばれた統治者に過ぎません。

国会が国権の最高機関であり、その国会が選ぶのが内閣総理大臣である以上、たとえ総理大臣といえども、立法府たる国会が定めた法、更には国民の一般意志によって成立している憲法を破ることはできないのです。

そもそも行政権とは、「すべての国家作用のうちから、立法作用と司法作用を除いた残りの作用」と解されるのが通例です（これを控除説・消極説といい、積極的に行政の役割を定義しようとする積極説も存在します）。

絶対君主制においては、君主（王）が行政であり立法であり司法でした。敗戦前の大日本帝国憲法においても、立法・行政・司法はすべて天皇大権に含まれ、天皇は一切の統治権を持っているとされました。

このような君主制の時代から民主制に移管する過程において、国の統治者からまず立法の機能を切り離し、その後司法の機能を切り離すことで、残ったものが行政権である、というのが通説となっています。

先にも述べましたが、法を作る立法府と、作られた法に基づいて適法性を判断する司法府の二つが、実質的に国を統治する行政府を監視し、制御する。これが権力分立であり、いわゆる「三権分立」と呼ばれるものです。

行政の透明性と公文書管理

法の支配の原則に基づいて、行政が執行されるために必要なものは何でしょうか？　例えば、次の三つが挙げられます。

・行政が適切に、説明責任を果たすこと

・透明性を確保し、情報を適切に開示すること
・法に基づかないと思われたものは、取り下げること

しっかりと情報を開示し、行政が説明責任を果たすことが、法の支配の前提なのです。情報が公開されない中では、行政が執行したことが、法の支配に基づいているのか検証が出来ません。警察や検察などの捜査機関は行政に属しているため、行政が不正を犯しても、行政組織自身を捜査するには一定のハードルがあります。

だからこそ、行政を監視するのは国民と、国民を代表する立法府の議員です。この監視のために重要なのは、情報公開や公文書管理です。

政府の公式見解や答弁、あるいは文書を公文書として保存することで、どの時点で法律の運用や解釈が変わったかを記録することが必要です。

公文書管理とは、法の支配を果たす上で極めて重要な役割を持っていることがわかります。

第2章

国会議員の仕事とは

「議院内閣制」と「大統領制」は、どう違うの？

こんな疑問に答えます
- 議院内閣制はなぜ強力なのか
- 三権分立と議院内閣制の関係性
- 議院内閣制と野党の意味

議院内閣制は、議会の多数派に権限を集中させ、立法府と行政府との融合によって内閣総理大臣という明確な権力中枢をつくって、権力と責任を一体化する仕組みであり、本来、内閣総理大臣のリーダーシップが発揮できるようなシステムのはずであります。

このように、議院内閣制に本来的に内在している内閣総理大臣のリーダーシップを健全に発揮するためには、次に述べるような幾つかの改革が必要であると考えております。

まず第一には、やや反省も込めてでありますが、政府・与党の意思決定システムを一元化すべきであるということであります。

第二に、内閣総理大臣のリーダーシップが十分に発揮されるためには、国民の広範な支持が不可欠であります。

さらに、第三番目に、内閣総理大臣のリーダーシップを阻害する要因としての参議院の権限のあり方を見直す必要があります。

永岡洋治衆院議員（一部抜粋）
平成17年2月10日　第162回国会　衆議院憲法調査会

大統領制のほうが強い？

「日本も大統領制にすればより迅速に物事が決まるようになる」という説がありますが、これは誤解です。しかし、実際は議院内閣制のほうが、（基本的には）強い権限を持っています。

議院内閣制においては、立法府の多数が首相を選ぶことができます。立法府と行政府が一体化することで、政府は自らに都合の良い法律を通しやすくなります。

他方、アメリカのように厳格に立法と行政が分かれているケースでは、行政府が民主党の大統領でも立法府の多数が共和党、というケースも珍しくなく、行政府の権力はそれだけ制限されています。

つまり、イギリスの首相とアメリカの大統領でいえば、制度上はイギリスの首相のほうが、はるかに迅速に意思決定できる権能を持っているのです。

特に、イギリスは歴史的経緯、公選でないことなどからも上院の権能が弱く、慣習的にも下院を尊重するため、下院の多数政党の権力は絶大です。

なぜ大統領制が「強く」見えるのか

大統領制が強力な仕組みであるように見えるのは、個人としての国家元首が選挙によって選ばれることで、世論からの後押しを受けること、政党組織の論理と離れてリーダーシップを発揮できること、などが理由として挙げられます。

アメリカのドナルド・トランプ大統領のように、共和党の大統領候補として選挙に出馬し、当選しながらも、行政の運営を党と対立しながら行うケースもあります。

フランスでは戦後、議会中心での統治形態が採られていましたが、シャルル・ド・ゴール大統領は憲法改正を行うことで、公選の大統領に権限を集約し、議会の力を抑制しました。

議院内閣制は「決められない」と揶揄されることがありますが、大統領という個人が自由に裁量を発揮できることが、大統領制の特徴です。

他方、ドイツやイタリアなど、行政の運営は議会を中心に行い、行政の長が首相で、大統領があくまで儀礼的な役割にとどまる国もあります。

議会中心であると言っても、ドイツのアンゲラ・メルケル首相など、極めて長期の政権を築き、強いリーダーシップを発揮するケースも少なくありません。

また、安倍晋三首相も与党の強い基盤を背景に長期政権を築きました。議院内閣制であっても、強いリーダーシップを発揮することは可能だと言えます。

政党の強さ

議院内閣制において首相が強大な権限を持つのは、立法府と行政府が、政府与党として一体化しているからだけではありません。むしろ、権力の源泉は「政党」にあります。

朝鮮民主主義人民共和国（北朝鮮）における朝鮮労働党、ソビエト社会主義共和国連邦におけるソビエト連邦共産党など、権威主義的国家においては、基本法において明確に支配政党が定義されているケースもあります。

これらの社会主義国家においては、政府よりも党のほうが上位にあります（例えば、北朝鮮には政務院総理という行政の長たる役職が置かれていますが、権限は明確に党の代表のほうが上です）。

他方、日本国憲法において、国会議員は、政党ではなく国民全体の代表者であることを求められます。

日本国憲法第四十三条
両議院は、全国民を代表する選挙された議員でこれを組織する。
両議院の議員の定数は、法律でこれを定める。

女王陛下の野党

議院内閣制は、行政府と立法府の分権が不十分な仕組みです。立法府の多数が首相を指名するため、行政府と立法府を同一の政党がリードすることになるからです。

それを補うため、議院内閣制の祖であるイギリスでは、野党第一党には「女王陛下の野党（her majesty's loyal opposition）」として、議会の監視機能を果たすために特別な権限が与えられています。

野党第一党が政権交代を前提にして組む擬似的内閣は、影の内閣（シャドーキャビネット）、つまり「政権交代の際にはこのようなメンバーで内閣を形成します」という意思表示として、下院の公式サイトにも掲載されています。日本でも「ネクスト・キャビネット」として、野党が擬似的な内閣を組むことはありますが、イギリスの「影の内閣」は公職として予算が計上され、公費で助成されます。

野党に権限を与えることには、二つの意味があります。一つは、二大政党制の中で、与党に不測の事態があれば野党がいつでも交代できるように準備するという意味。

もう一つは、議院内閣制においては、野党が組織として行政監視することが立法府にとって重要である、という意味です。

残念ながら、日本では、このように法的に野党の地位を位置付けていません。野党に対する質問時間などの優遇は、法的なものではなく慣習的に決められているのが実情です。例えば、質問時間などは野党に優先して配分されていますが、法律では明文化されていません。実際に、２０１８年には与党が質問時間を「５対５」にするよう求めた、と報道されました。

また、本来委員会の委員長などは、立法府の役職として中立であるべきですが、現実的には政党に属している以上、多数派政党の与党の議員が選出され、与党の論理の中で動くことがほとんどです。

議院内閣制において、立法府として監視機能を果たせるのは野党です。議院内閣制を長く続けている国家は、制度的に分立していない立法府と行政府を、分権する仕組みを持っています。十分ではありませんが、日本の国会もそのような慣習を持っているのです。

「委員会」と「本会議」、何が違うの?

こんな疑問に答えます
- 委員会は一体何をしているのか
- 法案はどのように成立するのか
- 委員会中心主義とは

僅かな審議においても、新たな重大問題が次々と明らかになっています。こうした国民の懸念、批判に真摯に向き合い、問題を究明する徹底した審議こそ、参議院に求められている責務であります。

そして、この徹底した審議を支える柱が委員会中心主義であります。戦前の本会議中心主義に対して、新憲法下の新しい国会は、その運営について委員会中心主義を採用いたしました。より突っ込んで、より充実した審議をすることを目的としているの

が委員会中心主義であります。中間報告の濫用は、その新しい国会の柱を乱暴に破壊するものと言わなければなりません。

山下芳生参院議員
平成29年6月14日　参議院本会議

予算委員会や外交防衛委員会、議院運営委員会に内閣委員会。テレビなどでも度々聞くこの単語ですが、そもそも「委員会」とは何で、「本会議」とは何か、ご存知でしょうか。国会と言うと、全員が集まって採決をしたり、総理大臣が所信表明を行ったりする「本会議」のイメージが強いかもしれませんが、実は主戦場とも言えるのは委員会です。

❖委員会とは❖

10～45人程度で組織される審査機関。本会議で審査される前に、それぞれの委員会に専門性を持った議員が配属され、集中的に審査を行う。

委員会には常任委員会と特別委員会があり、常任委員会は衆参ともに17の委員会が存在する。

衆参で若干の違いがあり、例えば衆議院は外務委員会と安全保障委員会が分かれているのに対し、参議院では外交防衛委員会という名称で一つにまとめられている。特別委員会は、東日本大震災特別委員会など、その時々で重要なテーマのために組織されることがある。

❖本会議とは❖

最終的に法案が採決される場所。代表質問や所信表明など、政府や野党党首が全員の前で演説する際や、議会の開会閉会も本会議で行われる。

ただし、実質的な審議はほとんどが委員会で行われるため、本会議は採決など、全員が集まる必要のある時にのみ開かれる。議員が大勢集まって野次を飛ばしていたり、居眠りしていたりするのがテレビで放送されることも。

法律ができるまで

委員会、本会議を経て、法案がどのようなプロセスで成立するのかをご紹介します。

法案提出

法案は、内閣、衆議院・参議院の国会議員、または委員会が提出できます。国会議員、または委員会で提出する議員立法は、衆議院で20名、参議院で10名の議員の賛成が必要です

（予算を伴う場合は衆議院で50名、参議院で20名が必要になります）。

委員会付託

提出された法案は議院運営委員会（通称・議運）に付託され、ここで、提出された法案がどの委員会で審議されるか決定されます。野党提出の議員立法は政府に対抗する目的であることがほとんどであるため、ほとんどのケースで審議する委員会も決まらないまま「つるし」にかけられます（法案が委員会で審議入りされないまま棚晒しになること）。

趣旨説明（委員会）

無事審議入りした法案は、委員会で趣旨説明が行われます。これは、法案提出者が法案の趣旨を述べるもので、内閣提出法案であれば担当大臣、議員立法であれば提出議員の誰か、ということになります。

質疑（委員会）

趣旨説明の後、国会の最大の見せ場とも言える委員会での質疑が行われます。提出者や大臣、副大臣、大臣政務官の政務三役に委員会の委員（議員）が質問する他、参考人を招致して専門的な知見をヒアリングしたり、関係者に対して質問を行う公聴会をセットしたりします。

討論（委員会）

質疑終了後、修正を希望する委員がいる場合は修正案の提出が可能です。

質疑後に、討論を行います。通常、会派ごとに賛成・反対の意見を述べていきます。討論の際には、「賛成の立場から討論します」「反対の立場から討論します」と、立場を明らかにした後に、理由を述べることになっています。

また、修正案が提出されている場合は、合わせて討論が行われます。

採決（委員会）

討論終了後、採決が行われます。審議状況によっては、「まだ審議が十分になされていない」として、採決に反対する議員が退席することもあります。

採決がなされると、法案は本会議に上程されます。

また、法案を修正しないが、委員会の意思として何らかの決議を行いたい場合は「附帯決議」が可決されることもあります。

例えば、内閣提出法案で、国民の間に大きな反対論があるケースなどでは、附帯決議で一定のバランスを取ることがあります（ただし、拘束力はありません）。

会期末までに法案が採決されず、本会議で審議されないと、審議を継続するかどうかを議決し、審議継続しない場合は審議未了で廃案となります。

委員長報告（本会議）

本会議に上程された法案は、まず可決した（審査を担当した）委員会からの委員長報告を受けます。委員会での質疑内容や、附帯決議がある場合はその内容などが説明されます。

討論（**本会議**）

委員会と同様、賛成・反対の立場から意見表明を行います。ただし、全会一致のものなどは討論の申し出なくそのまま採決になることもあります。

採決（**本会議**）

討論の後、採決を行います。実は、院によって細かい違いがあります。

採決に関しては、与野党で合意している場合は「異議なし」と発声するのみで採決することがほとんどです。

与野党で賛否が分かれる場合、衆議院は起立採決（起立者を目で確認。細かい数は残らない）や記名採決（賛否を一人ひとり書き込む）、参議院は押しボタン式での採決にて賛否が集計されます。

衆議院では起立採決が主流ですが（時間がかからないため）、与野党で拮抗していたり造反者が出ることが明らかな場合は記名採決になります。

内閣不信任案などは記名投票が原則です。

参（**衆**）**議院に送る・回付**

衆議院・参議院で成立した法案は、もう一つの議院に送られます。両院で同じプロセスを行い、そのまま可決された場合は法案成立となります。

また、別院で修正議決が行われた場合は再度先に審議された院に送られ（これを回付と呼びます）、これが可決されれば、修正議決のまま可決します。

両院で議決が一致しない場合は両院協議会が開かれ、出席議員の3分の2が議案に賛成すれば成案として可決となります。

両院協議会で一致しない場合、「予算・条約・内閣総理大臣の指名・法律案の議決」など多くの点で衆議院の優越が憲法上規定されているため、通常は衆議院での結果がそのまま反映されることになります。

奏上

最終的に、最後に審議された議会の議長から内閣を通して天皇に法案が送られ（奏上）、その日から30日以内に公布されることとなっています。

法律案は、公布が閣議決定された後官報に記載され、正式に公布となります。

本会議中心主義と委員会中心主義

議会の運営手法には、大きく分けて本会議中心主義と委員会中心主義があります。

❖本会議中心主義❖

イギリスなどで見られるように、与党と野党が全面対決する「アリーナ型」の議会で多く見られる。ただし、イギリスなどの本会議は日本と違い「全員出席」が原則になっているわけではなく、一人が話し全員が聞くという日本の本会議のイメージとは異なる。

❖委員会中心主義❖

アメリカなど、与党と野党という軸ではなく、立法府と行政府が互いに牽制し合いながら、委員会で法案を変換していく「変換型」議会に多く見られる。

戦前の日本は同じ立憲君主制を採るイギリス議会を参考に「三読会」制度を採る、本会議中心主義でした。

戦後日本は、議会制度を戦前と全く異なるものに変更し、アメリカ型議会を参考にした、委員会中心主義を取り入れました。

委員会中心主義の特徴とは

委員会中心主義の国においては、実質的な審議は委員会で行われます。委員会には専門的な議員が所属し、本会議よりも少数の人数で行われます。

委員会中心主義の議会では委員長の権限が強く、中立であることが求められています（アメリカでこの傾向は顕著です）。議席数によりますが、委員長は与党の議員がなるとも限らず、野党議員が委員長になることもあります。

とはいえ、与党の議員が党を離脱するわけではないため、与党の委員長職は入閣までのステップであり、委員会の運営も与党よりの差配になることが多いのが現実です。

衆議院の予算委員会委員長は閣僚級のポストです。与野党が激突するだけに、予算委員会委員長の仕切りによって国会が大きく変わるほどの影響力があります。

法案が最後に決まるのは「本会議」ですが、「委員会」を知ることは、国会を知ることと同じです。各委員会の特徴などを知れば、更に国会がよくわかるのではないでしょうか。

「議員立法」は機能しているの？

こんな疑問に答えます

・議員立法はなぜ成立しないのか

・議員立法にはどういう種類があるのか
・内閣提出法案との違いとは

私があえて自らがん患者だと申し上げましたのも、がん対策基本法の与党案と民主党案を一本化し、今国会で成立させることが日本の本格的ながん対策の第一歩となると確信するからです。

（中略）

私は、大学生のときに交通遺児の進学支援と交通事故ゼロを目指してのボランティア活動にかかわって以来、命を守るのが政治家の仕事だと思ってきました。がんも自殺も、ともに救える命が一杯あるのに次々と失われているのは、政治や行政、社会の対応が遅れているからです。

年間三十万人のがん死亡者、三万人を超える自殺者の命が一人でも多く救われるように、がん対策基本法と自殺対策推進基本法の今国会での成立に向けて、何とぞ議場の皆様の御理解と御協力をお願いをいたします。総理にも、国会議員のお一人として、この二つの法案の今国会での成立にお力添えをいただけないか御答弁をお願いして、私の質問を終わります。

山本孝史参院議員
平成18年5月22日　第164回国会　参議院本会議

がん対策基本法の審議の中で、自身ががん患者であることを公表した山本孝史参院議員の質問をご紹介しました。

がん対策基本法は、最初に野党・民主党の議員から議員立法として提出され、与党・自由民主党から対案が出た後、一本化されて委員会提出法案として成立する、という複雑な過程を辿っています。

政治家というのは法律を作るもの、と思っている方も多いと思います。しかし、誰もが自分の信念に基づいた法律を作って、成立させられるわけではありません。日本の国会において、成立する法案のほとんどは内閣提出の法案であり、議員個人が提出する議員立法はあくまでイレギュラーです。

議員立法とは一体何であり、どのように機能しているのか、見ていきましょう。

いかに法律は決まっていくか

法律は、提出のされ方により、二つに分けられます。一つは「内閣提出法案」、通称「閣法」と呼ばれ、読んで字の如く内閣が提出する法案です。

もう一つが、「議員立法」、通称「議法」（提出された議会に合わせて衆法・参法とも呼ばれます）と呼ばれるもので、議員が提出する法案です。

議員立法は、下記のように内閣提出法案よりも成立率が低くなっています。

❖第198回　通常国会（提出数／成立数／成立率）❖

内閣提出法案（57本提出／54本成立／成立率95％）
議員立法（70本提出／14本成立／成立率20％）

❖第201回　通常国会（提出数／成立数／成立率）❖

内閣提出法案（59本提出／55本成立／成立率93％）
議員立法（57本提出／8本成立／成立率14％）

議院内閣制において多数を占めるのは与党であり、与党が政府を構成します。そして、法案というのは多数に賛成されない限りは成立しません。

ということは、政府与党が一体となって法案を提出する場合のほうが成立率が高いのは当然の話です。

議員立法には、密室で行われる与党の事前審査よりも、国民から見える形で審議が行われるため、透明性に寄与しているという意見があります。

一方、委員長提出法案など全会一致で提出されるケースでは、本来しっかりと審議すべき重要法案であるにもかかわらず、委員会質疑が省略されてしまうため、一般質疑をセットで行うことで実質の審議時間を確保しようとするケースもあります。

議員立法の歴史と現在

議員立法に関する規定は、国会法にこう定められています。

国会法56条1項

議員が議案を発議するには、衆議院においては議員20人以上、参議院においては議員10人以上の賛成を要する。但し、予算を伴う法律案を発議するには、衆議院においては議員50人以上、参議院においては議員20人以上の賛成を要する。

20人以上、ということは、事実上「議員」立法ではなく、「政党」「議連」立法です。超党派で出されることもありますが、個人が勝手に出せる、というものではありません。

これは、もともと「お土産法案」と呼ばれる、地元の有権者への露骨な利益誘導を行う法案提出などを避けるために、追加された条文と言われています。

諸外国と比較すると、イギリス、カナダ、フランス、イタリアなどは成立する法案の中での議員立法の割合が6～7割以上と中心になっており、これは議員個人が自由に立法が出来るという制度のためこのような比率になっているという指摘もあります。

議員立法と種類

では、議員立法には、どのようなものがあるのでしょうか。例外もありますが、いくつかのパターンに分けてみます。

❖（対案型）野党提出法案❖

通常、野党第一党、または野党第一党を中心としたグループから、現在政府与党から提出する法案に対抗する形で出される対案型の法案。国会で審議される内容に合わせて提出されることが多い。

❖（理念型）野党提出法案❖

党や政治グループが重要とする論点に関して提出する法案。成立させることを目指すのではなく、あくまで党の方向性・マニフェストとして提出されることが多い。

❖超党派・議員グループ提出法案❖

超党派の議員グループが提出する法案。まれに与党系の議員グループで提出するケースも。

与野党合意の場合は議員個人が提出者にならず、委員会提出法案になることが多い。

❖（政府）依頼立法❖

政府から与党に依頼して成立させる法案。与党内の事前審査を回避するためや、災害対応など迅速に成立させたいケースなどで行われ、実質的には内閣提出法案となる。

55年体制以前には、参議院独自会派である緑風会を中心に活発に行われてきた議員立法も、保革の対立構造が明確になるにつれて下火となり、再び使われるようになったのは90年代以降です。

議員立法が成立するためには与党の賛成が必要であるため、成立するのはこの二つのケースがあります。

・政府依頼立法（与党提出）
・超党派（与党含む）提出法案

政府依頼立法は、政府から提出する際に必要な事前審査を回避することで、迅速に法案を成立させるために、政府から与党議員に依頼することが通例です。

ただ、依頼立法は実質的に形を変えた内閣提出法案であり、「プロセス軽視」という批判を受けることにもなります。

超党派提出法案に関しては様々なパターンがありますが、与野党一致で提出することで全会一致で成立させたい法案や、野党議員の提案の中で与党議員が「乗れる」法案である場合、野党に花を持たせながら、水面下の協議を行って全会一致で成立させるケースなどがあります。

また、ねじれ国会などでは野党提出法案を「丸呑み」するケースや、与野党で法案を出し合い一本化するケースなどもありますが、基本的に与党の賛成がなければ成立しない、というのは同じです。

議員立法のこれから

法案を出し合って議論する、というのは、多くの人の国会の理想のイメージとして語られます。

しかし、振り返ると、日本は制度上、議員立法に多くの制約を課しており、議員個人が議員立法を出すことは出来ませんし、成立は更に難しいのが現状です。

議院内閣制という仕組み、そして厳しい党議拘束を考えれば、結局は水面下で与野党が交渉する、いわば「舞台裏」のやりとりが必要になります。

冒頭述べた通り、日本の立法は制度的に内閣に依存しており、議員立法はあくまでイレギュラーです。それは、霞が関という日本最大のシンクタンクの能力に依存し、議員個人の立法能力が問われない日本の政治風土の影響も多分にあります。

このような現状が立法府として望ましいものかどうか、現状を踏まえた積極的な議論が必要です。

「予算」はどうやって国会で決まるの？

こんな疑問に答えます

- 国会における予算の扱いとは
- なぜ春は国会が忙しいのか
- 諸外国との比較

國民に強く耐乏生活を要求し、インフレの防止を説くも、政府みずからが苦難の先頭に立たないで、政府予算の大削減を断行する勇断を欠き、むしろ反対に物價引上の先鞭は、タバコ、鉄道等、官業事業によつて常に行われ、敗戰の今日、國土は日清戰争以前の状態になつておるにもかかわらず、官廳機構はますます〳〵厖大しておる。この矛盾せる事実を体験しては、國民のほとんどが釈然とせず、よつて当局の明快なる答弁を求めるのである。

大神善吉衆院議員
昭和22年7月4日　第一回国会　本会議

第一回国会の本会議における政府予算の考えについて引用しました。戦後の日本においてはインフレが課題でした。物資も慢性的に不足しており、国民の窮乏の中での予算編成であったがゆえに、今よりも更に切実な議論が国会で行われていたことがわかります。それからおよそ70年、日本は豊かになり、予算は当時より遥かに膨れ上がりました。

2020年度の日本の国家予算は、一般会計だけで100兆円を超える規模、特別会計を含めればおおよそ300兆円です。

そもそも一般会計と特別会計とは?

財政法13条には「国の会計を分つて一般会計及び特別会計とする」とあります。国の事業は多岐にわたるため、それぞれの事業ごとに会計が変わっては煩雑になりますし、透明性も低下します。

そのため、国の会計は単一のものを利用することが推奨されており、これを予算単一の原則と呼びます。

単一の会計で処理するものを一般会計と呼び、特別の事業のために特別の予算を設けるものを特別会計と呼び、一般会計と区別して考えます。

なお、特別会計には地方の予算である地方交付税なども含まれるため、厳密には「国の予算」と呼べないものも入っています。

国のすべての予算は、国会で承認されなくてはなりません。

日本国憲法第八十六条
内閣は、毎会計年度の予算を作成し、国会に提出して、その審議を受け議決を経なければならない。

この予算は、一体どのように決まっているのでしょうか？　予算の決まる流れをご紹介しましょう。

政府がいかに予算を作るか

❖予算が決まるまでのスケジュール❖

8月下旬　省庁がそれぞれ予算を作成し、財務省に提出（概算要求）
9月～12月　財務省が各省庁へヒアリングを行い、予算を精査
12月下旬　政府予算案を作成し、閣議決定
1月～3月　通常国会で予算案の審議

国の予算の会計年度は、4月1日から翌年3月31日までです。通常、来年度予算の審議は1～3月の通常国会で行われるため、財務省主計局はそれまでに政府案を固めます。

まず、通常8月に各省庁が財務省に宛てて省ごとの予算案を提出します。これを「概算要求」と呼びます。

そこから財務省が各省庁へのヒアリングを行い、与党内でのヒアリング、承認などを経て12月に政府案を固め、閣議決定。そして、1月から3月の通常国会で審議されます。

通常国会における予算審議

予算委員会は予算を審議する委員会であり「花形」委員会ですが、とりわけ1月から3月は最も注目を受ける時期で、国会も省庁もてんやわんやします。

その頂点が「予算委員会分科会」の時期です。各委員が八つの分科会に分かれ、朝8時か

ら11時間コースの審議に臨みます。

❖予算委員会分科会❖

第一分科会：皇室費、国会、裁判所、会計検査院、内閣、内閣府、復興庁及び防衛省
第二分科会：総務省
第三分科会：財務省
第四分科会：文部科学省
第五分科会：厚生労働省
第六分科会：農林水産省及び環境省
第七分科会：経済産業省
第八分科会：国土交通省

すべての省庁に対して、細目まで議論され、通常の予算委員会と違って、内閣の資質などではなく陳情的な質疑も多くなります（このように一日に詰め込んで分科会を行う必要性があるかは疑問が残るところです）。

この分科会が開かれるまでの時期の官僚の負担は想像を絶するものがあり、最も霞が関が忙しくなる時期の一つと言われています。

そして、分科会が終われば最後に全閣僚出席の締めくくり総括質疑が行われ、討論が行われて採決が行われる、という順番です。

予算案が決まらないということはめったにありませんが、解散や政治的混乱など何らかの理由で承認されなかった場合は、最低限必要なものだけを計上して「暫定予算」が組まれます。

各国の予算の決まり方

国によっては、行政府に予算編成権がないケースもあります。

例えば、アメリカの大統領は法案提出権がなく、議会が予算編成権を持っているため、議会が予算の法案を作成し、審議します。行政府（ホワイトハウス）として必要な予算に関しては、予算教書と言われる提案だけを提出することが出来ます。

同じ公選制でも、日本の地方議会では議会に予算編成権がなく、公選の首長（知事・市区町村長）が予算編成権を持っているため、より首長に権限が集中する傾向にあります。

他方、議院内閣制でも、イギリス・カナダなどでは、予算の支出に関しては議会の承認を必要としません。そのため、イギリスではプレバジェット演説と呼ばれる演説が11月頃に組まれ、広く国民に予算案を説明することが決められています。

予算審議はどうあるべきか

予算の決まり方は国によってそれぞれですが、どの国でも、国民に広く予算支出の意義を伝え、かつ不要であったり恣意的な予算が組まれないためにも透明性が求められていることは言うまでもありません。

政府は予算案を審議した後には「いっちょ上がり」として、近年は予算成立後、総理が予算委員会に出ないことが常態化しています。

しかし、予算に関しては、案だけではなく適切に執行が行われているかも重要であり、国民に広く予算の執行が適切に行われていることを知らしめる必要があります。

通常国会の冒頭3カ月だけで予算が決まってしまい、後は知らぬ存ぜぬ、であってはいけないのではないでしょうか。

国会が動くとき

第3章

施政方針（所信表明）演説を読めば、政治の歴史がわかる？

こんな疑問に答えます

- 施政方針演説と所信表明演説の違いとは
- 政府四演説とは何か
- 首相それぞれの方針と時代の変遷

国会の一年は、政府の四つの役職が本会議で行う、政府四演説から始まります。

❖政府四演説とは❖

・内閣総理大臣が担当―施政方針演説
・外務大臣が担当―外交演説
・財務大臣が担当―財政演説

・内閣府特命担当大臣（経済財政政策担当）が担当―経済演説

の四つを指す。

「施政方針演説」と「所信表明演説」という単語を、どちらも聞かれたことがあるのではないでしょうか？

内閣総理大臣が本会議で行う演説であることは同じですが、下記のような違いがあります。

❖施政方針演説❖

通常国会の冒頭に、その年の内閣全体の政策の方針を示す

❖所信表明演説❖

臨時国会・特別国会の冒頭に、内閣総理大臣としての所信を示す

施政方針演説（所信表明演説）は、大きな内閣の方針を示します。議事録に残った、過去の施政方針演説（所信表明演説）を読めばその時代における最も重要なテーマが何であったか、よくわかります。

戦前の窮乏期とその対応

はじめに、第一回国会における片山哲総理大臣の施政方針演説（衆議院）を読んでみましょう。

戦後初めての施政方針ということもあり、片山総理はテーマとして「平和国家の建設」「国際社会の信頼回復」を挙げています。

われら日本國民は、この意味におきまして、かかる要素をもつ平和國家としての日本を建設しつつあることを、世界に向つて明白にすることが、最も必要であるということを、私は考える次第であります。

更に、食料需給について挙げています。この当時、戦時体制の後遺症により日本の食料生産は壊滅しており、上野駅には餓死者が溢れ、人々は配給では食いつなげないため「ヤミ米」に頼っていました。

私はここで、この七月から十月の端境に至る四箇月の食糧需給の見透しが、きわめて憂慮すべき状態にあることを率直に申し上げたいのであります。

と言えるでしょう。

また、「分配の公正化」を掲げたところに、社会党政権たる片山内閣の性格が現れている

かくして産業の復興に全力を傾倒し、何としても、最も重要なる食糧欠乏を中心といたしますこの危機突破対策は、遂行しなければならぬ決意を高めつつある次第であります。

この目的を達し得るや否やは、一に、われら日本國民が、自力をもつてよくこの難関を切り抜け得るや否や、耐乏生活を続け得るや否や、全國民一致協力をなし得るや否やにかかつておるのであります。一人の餓死者なきを期するためには、豪奢な生活をなくして、分配の公正化と、不当利得者を排除しなければならないのであります。

経済をいかに動かすか？　所得倍増計画

サンフランシスコ講和条約が結ばれるとともに日本も西側諸国の一員として国際社会に復帰します。一方、日本は戦後すぐの窮乏期を脱するとともに少しずつ成長軌道に乗り、施政方針演説も経済に関するものが増えていくことになります。

池田勇人総理による第36回の施政方針演説（衆議院）では、あの有名な「所得倍増計画」が

出てきます。

このような落ちついた経済の拡大基調は、今後も引き続き維持し得るものと考えられますので、この経済の拡大を安定的に確保いたしますため、政府におきましては、国民所得倍増計画と名づけまして、国民総生産を実質額において倍増するについてとるべきもろもろの方策の策定を進めておるのであります。

外交と平和の時代

時代は下り、日本は経済的に欧米諸国と肩を並べるまで復興、世は高度成長期に突入し、徐々に経済大国としての地位を固めていきます。

そんな中、戦前の負の遺産解消のため、施政方針演説においても外交に関する項目が増えていきます。

佐藤栄作総理は、第62回国会（衆議院）の施政方針演説において、沖縄返還について語っています。

私は、このたび米国を訪問し、ニクソン米大統領と親しく会談いたしました。その

結果、沖縄は、一九七二年中に返還されることとなり、長きにわたる日本国民の一致した願望が達成されました。ここに訪米の成果を報告することができることは、まことに喜びにたえません。

およそ戦争によって失った領土を平和裏に回復するということは、世界の歴史上たぐいまれな事柄であります。奄美、小笠原に引き続き、今回話し合いによって沖縄返還の実現を見ることとなったのは、日米両国間の信頼と友好関係に基づくものであることは申すまでもありません。（中略）

二十余年の長きにわたって祖国復帰を熱願し続けてきた沖縄同胞の心情を思うとき、私の感慨はまたひとしおなものがあります。

今日まで沖縄返還のため、あらゆる分野において全力を傾倒された関係者各位に心から感謝の意を表する次第であります。

第70回国会（衆議院）においては、田中角栄総理大臣が戦後最大の懸念事項であった日中の国交正常化を成し遂げます。演説においても「平民宰相」「コンピュータ付きブルドーザー」などと呼ばれた田中角栄総理のパワフルさが伝わってくるようです。

私が日中国交正常化に取り組み、また、日本列島改造を提唱したのも、時の流れ、

時代の要請を痛切に感じたからにほかなりません。

政治は、国民すべてのものであります。民主政治は、一つ一つの政策がどんなにすぐれていても、国民各位の理解と支持がなければ、その政策効果をあげることはできません。

私は、私の提案を国民の皆さんに問いかけるとともに、広く皆さんの意見に耳を傾け、その中から政治の課題をくみ取り、内外の政策を果断に実行してまいります。

（中略）

私は、去る九月、中華人民共和国を訪問し、毛澤東主席と会見するとともに、周恩来首相をはじめ中国政府首脳と会談し、国交正常化問題をはじめ日中両国が関心を持つ諸問題について、率直な意見の交換を行ない、九月二十九日共同声明に署名いたしました。これにより、長い間の両国間の不正常な状態に終止符が打たれ、両国間に外交関係が樹立されました。ここにあらためて国会に御報告いたします。

高度成長後の社会像と、国連中心主義

三木武夫総理の時代には、世はオイルショックに見舞われ経済成長がストップ。更に田中角栄前総理がロッキード事件で逮捕されるなど、政治に対する信頼も著しく低下していまし

た。

このような時代における施政方針演説（第75回国会・衆議院）では、「国際協調」「国連主導」の考えが示され、国と国の対話だけではなく、世界規模の組織がいかに平和を維持していくか、という観点から、安全保障理事会との関わりも増えていきます。

私は、今日の時代を国際協調の時代であると考えております。世界各国の相互依存性はますます深まり、地球はますます小さくなりつつあります。全人類は、地球船という同じボートに乗った運命共有者であります。すべての日本人は、日本丸という同じボートに乗った、もっと緊密な運命の共有者であります。

しかし、遺憾ながら、現実の姿はいまだそこまでは行っておりません。エネルギーの問題や食糧の問題を見れば、歴然たるものがあります。（中略）

「国益」を守ることが、外交の基本目標であることは申すまでもありません。しかし、それを目先の狭い意味に解してはなりません。また個人の権利や自由が重要であることは申すまでもありません。しかし、それは社会的連帯の中で実現さるべきだと考えておるものでございます。

更に第80回における福田赳夫総理の施政方針演説（衆議院）になると、「高度成長は終わった」と明言され、更に「資源は有限」という考え方が示されました。これまで環境政策といえば、水俣病に代表される「公害政策」や「大気汚染」などが主だったもので、このような地球全体を守っていく、という考え方は、当時としては先進的なものであったと言えます。

戦後三十年余り、世界は平和と科学技術に支えられまして、目覚ましい経済の成長と繁栄をなし遂げました。その結果、つくりましょう、使いましょう、捨てましょうのいわゆる大量消費社会が出現したのであります。

この間に、人類は貴重な資源を使い荒らし、遠くない将来に、一部の資源がこの地球上からなくなろうとしておるのであります。しかも、二十一世紀の初頭には、世界人口は現在の二倍に達すると予想され、さらにさらに膨大な資源が求められることは明らかであります。

これは大変なことだと思います。人類始まって以来の変化の時代の到来だと思います。人類は、まさに資源有限時代の到来を意識せざるを得なくなったのであります。

成長期の終わりと「現代日本」の出発点

時代が下り、中曽根康弘内閣が成立すると、施政方針演説（第98回国会・衆議院）において、現代まで引き継がれる方向性が示されます。「防衛力整備」や「改革」です。

現実における世界の軍事情勢、特にアジアの状況を見るとき、北方領土を含む極東におけるソ連の軍備増強などわが国周辺の状況は、憂慮すべきものがあります。

この厳しい現実を踏まえれば、わが国としては、総合安全保障の観点からの各種施策の積極的推進に引き続き努めるとともに、日米安全保障体制を堅持し、自衛のための必要な限度において、質の高い防衛力の整備を図っていく必要があります。（中略）

行財政改革の目標は、新たな経済、社会情勢の進展に即応し行政の見直しを行い、また、財政のあり方を再検討してその適正な対応力の回復を図ることによって、民間の活力を引き出し、国、地方を通じ、公的部門と民間との新しい関係をつくり出し、明るい未来の展望を開こうとするものであります。

「現実の軍事力を見れば防衛力の整備が必要」や「改革により民間の活力を活かす」などは、現代政治でも度々使われるワードであり、中曽根内閣こそ、平成以降の日本政治の出発点であったと言えるのではないでしょうか。

やがてバブルとともに財政が逼迫し、竹下登内閣の施政方針（113回・衆議院）において、現代政治においても最大の焦点である消費税導入が目指されます。

今回の改革では、物品税を廃止するなど、現行の個別間接税制度を根本的に見直し、新たに、簡素かつ低率で経済に対する中立性を確保した消費税を設けることといたした次第であります。

このような一連の改革を通じて、全体としては、差し引き二兆円を大幅に上回る規模の減税が実現するわけでございます。

政治改革と55年体制の終わり

バブルが崩壊すると日本は長期不況に突入し、それとともに政治不信も蔓延していきます。度重なるスキャンダルにより「政治改革」の機運が高まり、宮沢喜一総理は施政方針演説でこう述べました（第123回国会・衆議院）。

政治改革の実現には、まず何よりも政治倫理の確立を図ることが重要であります。しかし、個々の議員の意識、行動とは別に、国民の政治不信の根底には、制度上解決を要する問題が横たわっていることも事実であり、金のかからない政治活動や政策を中心とした選挙が実現できる仕組みをつくる必要があります。

しかし、流れを押し止めることは難しく、宮沢内閣は過半数確保に失敗。ここに、与党第一党・自民党と野党第一党・社会党という構図による55年体制は終わりました。

7党連立による細川護熙内閣が成立すると、細川総理は所信表明で変革を高らかに宣言しました。（ここでも「改革」が出てきます）

我が身に課せられた責任の重さはまことにはかり知れないものがございます。と申しますのも、この内閣は、歴史の一つの通過点ではなく、新しい歴史の出発点を画するものと私は受けとめているからでございます。このような認識から私は、このたびの内閣を新しい時代のための変革に着手する内閣と位置づけ、「責任ある変革」を旗印に、心魂を傾けてその職責を遂行してまいる決意でございます。

しかし、細川内閣はスキャンダルに見舞われ、後継となる羽田孜内閣も連立政権内の多数派工作に失敗し、短命に終わります。そして、かつての仇敵である自民党と社会党の連立というウルトラCによって、社会党の村山富市委員長を首班とする村山内閣が成立します。

村山総理は所信表明（第130回国会　衆議院）で「結集」を宣言しました。

冷戦の終結によって、思想やイデオロギーの対立が世界を支配するといった時代は

終わりを告げ、旧来の資本主義対社会主義の図式を離れた平和と安定のための新たな秩序が模索されています。

このような世界情勢に対応して、我が国も戦後政治を特色づけた保革対立の時代から、党派を超えて現実に即した政策論争を行う時代へと大きく変わろうとしています。

この内閣は、こうした時代の変化を背景に、既存の枠組みを超えた新たな政治体制として誕生いたしました。

今求められているのは、イデオロギー論争ではなく、情勢の変化に対応して、闊達な政策論議が展開され、国民の多様な意見が反映される政治、さらにその政策の実行が確保される政治であります。

これまで別の道を歩んできた三党派が、長く続いたいわゆる五五年体制に終止符を打ち、さらに、一年間の連立政権の経験を検証する中から、より国民の意思を反映し、より安定した政権を目指して、互いに自己変革を遂げる決意のもとに結集したのがこの内閣であります。

しかし、結果としては村山内閣も短命に終わり、やがて自民党首班の橋本龍太郎内閣が成立。社会党は二大政党の一角としての地位を失い、連立からも離脱しました。

小泉純一郎の時代

55年体制は終わったとはいえ、小選挙区比例代表並立制の影響は小さくありませんでした。自民党はその後単独では政権を維持できなくなり、連立政権を前提として、政権を運営することになります。

そして、自由党・公明党との連立を経て、自由党が離脱。現代までつながる自公連立政権が樹立されることとなります。

長く続く不況の中、かつての野党第一党であった社会党は壊滅。新進党も崩壊するなど再編を繰り返し野党も低迷します。自民党の人気が落ちる中、民主党が二大政党の一角として台頭します。

そんな中、極度の不人気だった森喜朗総理の後継として現れたのが、小泉純一郎総理です。小泉純一郎総理は、所信表明（第151回国会・衆議院）においても「構造改革」「維新」「聖域」「米百俵」など徹底してキャッチーな言葉を使い、小泉旋風とも言われた熱狂を生み出します。

それまでも「テレビを活用」した総理大臣はいたものの、短いワードを多用する小泉総理のスタイルは、時代にマッチしたものでした。

このような状況において、私に課せられた最重要課題は、経済を立て直し、自信と誇りに満ちた日本社会を築くことです。同時に、地球社会の一員として、日本が建設的な責任を果たしていくことであります。私は、構造改革なくして日本の再生と発展はないという信念のもとで、経済、財政、行政、社会、政治の分野における構造改革を進めることにより、「新世紀維新」ともいうべき改革を断行したいと思います。

痛みを恐れず、既得権益の壁にひるまず、過去の経験にとらわれず、恐れず、ひるまず、とらわれずの姿勢を貫き、二十一世紀にふさわしい経済社会システムを確立していきたいと考えております。

小泉総理後、後継者となった安倍晋三総理は「美しい国」を掲げ（第165回国会・衆議院）て、教育基本法改正や国民投票法など、復古的政策を次々と推進していきます。

私が目指すこの国の形は、活力とチャンスと優しさに満ちあふれ、自律の精神を大事にする、世界に開かれた「美しい国、日本」であります。この美しい国の姿を、私は次のように考えます。

一つ目は、文化、伝統、自然、歴史を大切にする国であります。

二つ目は、自由な社会を基本とし、規律を知る、凛とした国であります。

三つ目は、未来へ向かって成長するエネルギーを持ち続ける国であります。

四つ目は、世界に信頼され、尊敬され、愛される、リーダーシップのある国であります。

しかし、参院選で民主党に大敗。政権を引き継いだ福田康夫総理、麻生太郎総理も流れを変えることは出来ず、民主党政権への「政権交代」が実現します。

民主党政権の栄光と挫折

選挙による政権交代を実現した鳩山由紀夫内閣は、第173回国会（衆議院）で意気昂揚と政策目標を掲げました。民主党政権が目指した「低炭素社会」「新しい公共」「コンクリートから人へ」「アジア重視」などの方針がわかりやすく述べられています。

私が目指したいのは、人と人とが支え合い、役に立ち合う新しい公共の概念であります。

新しい公共とは、人を支えるという役割を、官と言われる人たちだけが担うのではなく、教育や子育て、まちづくり、防犯や防災、医療や福祉などに地域でかかわって

おられる方々一人一人にも参加をしていただき、それを社会全体として応援しようという新しい価値観です。（中略）

世界最高の低炭素型産業、緑の産業を成長の柱として育て上げ、国民生活のあらゆる場面における情報通信技術の利活用の促進や、先端分野における研究開発、人材育成の強化などにより、科学技術の力で世界をリードするとともに、いま一度規制のあり方を全面的に見直し、新たな需要サイクルを創出してまいります。また、公共事業依存型の産業構造を、「コンクリートから人へ」という基本方針に基づき、転換してまいります。（中略）

私は、すべての主要国による公平かつ実効性ある国際的枠組みの構築や意欲的な目標の合意を前提として、二〇二〇年に温室効果ガスを一九九〇年比で二五％削減するとの目標を掲げ、国際交渉を主導してまいります。（中略）

東アジアは、多様な文化が入りまじりながら、しかし、歴史的にも文化的にも共通点が多くあります。政治経済の分野で厳しい交渉をすることがあっても、またイデオロギーや政治体制の違いはあっても、民衆間で相互の文化への理解や共感を深め合っていくことがどれほど各国間の信頼関係の醸成につながっているか、改めて申すまでもありません。

政権交代直後の施政方針は高揚感に満ちていますが、鳩山内閣もまた、自身の献金問題により失脚し、ここで述べられた方針の多くは未完に終わります。
鳩山内閣を引き継ぎ「最小不幸社会」を掲げた菅直人内閣は、史上最大規模の災害である東日本大震災を経験します。その後成立した野田佳彦内閣の所信表明（第178回国会・衆議院）では、やはり震災と原発事故についての話題が最初に来ています。

あの三月十一日から、はや半年の歳月を経ました。多くの命と穏やかな故郷での暮らしを奪った大震災のつめ跡は、いまだ深く被災地に刻まれたままです。そして、大震災と東京電力福島第一原子力発電所の事故は、被災地のみならず、日本全国に甚大な影響を与えています。日本の経済社会が長年抱えてきた課題は残されたまま、大震災により、新たに解決が迫られる課題が重くのしかかっています。

震災対応と消費増税を巡る混乱により民主党政権は国民の支持を失い、政権は再び自民党の手に渡ります。

第二次安倍政権

ここからは、歴代最長を記録した第二次安倍政権の所信表明を見てみましょう。政権交代後最初の国会である第183回国会における安倍政権の所信表明は、いわゆる「三本の矢」から始まりました。

これまでの延長線上にある対応では、デフレや円高から抜け出すことはできません。だからこそ、私は、これまでとは次元の違う大胆な政策パッケージを提示します。断固たる決意を持って、強い経済を取り戻していこうではありませんか。

既に、経済再生の司令塔として日本経済再生本部を設置し、経済財政諮問会議も再起動させました。この布陣をフル回転させ、大胆な金融政策、機動的な財政政策、そして民間投資を喚起する成長戦略という三本の矢で、経済再生を推し進めます。

更に、第190回国会では「新三本の矢」が提唱され、

これらの施策による成長の果実を活用して、第二の矢の夢を紡ぐ子育て支援、第三の矢の安心につながる社会保障を推進し、第二、第三の矢が強い経済にも寄与するメ

カニズムを通じて、新三本の矢が一体となって成長と分配の好循環を強固なものとしていきます。

第192回国会では「働き方改革」、

二〇二〇年、そしてその先の未来に向かって、誰もがその能力を存分に発揮できる社会をつくる。一億総活躍の未来を皆さんとともに切り開いてまいります。その大きな鍵は、働き方改革です。働く人の立場に立った改革。意欲ある皆さんに多様なチャンスを生み出す、労働制度の大胆な改革を進めます。

第196回国会では「人づくり革命」

人生百年時代を見据えて、教育の無償化、リカレント教育の充実など、経済社会の在り方を大胆に改革していく。あらゆる人にチャンスがあふれる一億総活躍社会に向けて、人づくり革命を、皆さん、共に進めていこうではありませんか。

など、次々と「目玉政策」が繰り出されました。

後半になると国民も慣れきってしまい、国民への広まりを欠いた印象がありますが、これらの矢継ぎ早のキャッチコピー的な政策の打ち出しは、小泉政権以降の自民党の一つの特徴、集大成とも言えるのではないでしょうか。

施政方針・所信表明のこれから

これからも施政方針演説・所信表明演説は国民にとって重要な「知る手段」でありつづけるでしょう。

他方、政治への関心が高まる中、「キャッチコピー偏重」とも言える施政方針・所信表明のあり方は、すでにかつてほど機能しなくなっているようにも感じます。

国民の側も、しっかり施政方針・所信表明を読み込み、政府が何を目指しているのか、何をしようとしているのかについて考えることが重要です。

内閣不信任案はなぜ国会の「切り札」なの？

こんな疑問に答えます
- 国会における内閣不信任案の扱いとは
- 野党はなぜ内閣不信任案を重視するのか
- 過去に内閣不信任案が可決された例は

世界の人々から日本が信頼と尊敬の念を抱いてもらうには、健全な民主政治の確立が不可欠です。宮沢内閣が国民と議会を欺き裏切った、総理大臣がうそつきで、国民が政治不信を高めているという状態では、世界の人々から日本が嘲笑されるのではないでしょうか。

我が国をこうした状態に陥れた宮沢内閣には、国家と国民の運命にかかわる重大な責任があると断ぜざるを得ません。

国民の期待する政治改革の実現を日本の政治の分水嶺として据えることを、今党派を超えてできるかが問われているのではないでしょうか。

私たちのこうした熱い思いは、国民の大多数がもろ手を挙げて賛成してくださるものと確信を持っています。その点を十分御賢察の上、党派を超えて多数の皆さんが私たちの提案に賛同してくださいますよう心から訴えて、提案理由を終わります。

山花貞夫日本社会党委員長
平成5年6月18日　衆議院本会議　内閣不信任案趣旨弁明

不信任決議案とは、総理大臣・大臣・委員会委員長・衆参正副議長などに対し提出される、役職の解任請求です。

その中でも内閣不信任決議案は政局において非常に重要な意味を持ちます。行政の長に対する議会の不信任であり、可決されると10日以内に衆議院の解散か総辞職を選択しなくてはいけません。

日本国憲法第六十九条
内閣は、衆議院で不信任の決議案を可決し、又は信任の決議案を否決したときは、

十日以内に衆議院が解散されない限り、総辞職をしなければならない。

このように、内閣不信任は議会において唯一、行政の長を変える力を持っています。他方、大臣・委員会委員長・衆参議長への不信任案には憲法69条のような法的効力はないため、可決されたとしても辞職が強制されるものではありません。

しかし、憲政史上唯一、大臣不信任案が可決された1952年の池田勇人国務大臣不信任決議案の例では、翌日池田大臣は辞職するなど、不信任案は重い意味を持っています。

また、同じく唯一正副議長への不信任決議案が可決された1961年の例では、久保田鶴松衆議院副議長が即日辞職しています。

問責と不信任

「問責決議」と「不信任決議」の違いについても触れておきましょう。問責決議案は参議院において、総理や国務大臣に提出されるもので、法的拘束力がありません。

衆議院の多数政党が「与党」となり内閣を組織するため、不信任案が可決されることは稀ですが、衆議院と参議院の多数政党が異なる「ねじれ国会」においては、問責決議案が可決されることがあります。

内閣総理大臣の指名においては衆議院の優越が憲法上定められているため、内閣不信任決議案と問責決議案は明確に違いがありますが、その他の大臣・正副議長・委員会委員長などに関しては、不信任決議案と問責決議案に実質的な違いはありません。

不信任案の威力

冒頭紹介した山花貞夫議員による内閣不信任案の趣旨弁明は、結果的に「会派を超えて」賛同され、衆議院解散に導くとともに、政権交代の引き金となりました。

内閣不信任案が可決された例は、戦後2例しかありません。宮沢喜一内閣不信任案と、大平正芳内閣不信任案です。

大平内閣の政治が、この国民の求めているところにすべて逆行し、国民と全く離反した道を歩んでいることは、いまや明白となってまいりました。すでに各紙の世論調査を見ましても、大平内閣の支持率は三割を切ってしまい、支持しないと表明する人の率は、過半数を超えているのであります。

大平総理、繰り返すまでもなく、あなたの政権に対する国民的基盤は崩れ去っております。この現実を率直に認め、私たちの不信任案の決議をまつまでもなく、みずか

ら即刻退陣すべきことを最後に申し上げて、大平内閣不信任案の提案理由の説明を終わりたいと思いますが、どうぞ同僚議員各位の御賛同をここにお願いをいたす次第でございます。ありがとうございました。

飛鳥田一雄日本社会党委員長
昭和55年5月16日　衆議院本会議　内閣不信任案趣旨弁明

両例、ともに衆議院解散を選択し、直後に選挙が行われています。宮沢内閣不信任案は結果的に政権交代に結びつきましたが、大平内閣不信任案は大平総理の急死により自民党がまとまった、という事情もあり、不信任案が可決されたにもかかわらず自民党の大勝という不思議な結果に終わりました。

そもそも、内閣不信任案が可決されるためには、少数与党という珍しい例を除いて、与党が一定程度賛成する必要があります。大平内閣・宮沢内閣の例では与党から多数の造反・賛成が出た結果可決されました。一方、成立すると思われた森内閣不信任案は、執行部の激しい抵抗により、成立寸前で切り崩されました（いわゆる加藤の乱）。

議会に不信任案が提出されたとしても、成立することはあまりありません。

「伝家の宝刀？」「竹光？」

可決される例が少ないにもかかわらず、内閣不信任案は、野党政局、そして国会闘争の最大の山場として、「切り札」「伝家の宝刀」と言われます。なぜでしょうか。

一つの理由に、内閣不信任案が「先決事項」として、他のあらゆる議案よりも優先して採決されるという点が挙げられます。

内閣不信任案が提出された瞬間に、他のあらゆる法案審議はストップし、まず不信任案の採決が行われるため、それだけ国会の日程は逼迫し、野党側の日程闘争にとっては有利になります。

ただし、不信任案は会期中1度しか提出できないため、タイミングが重要です。安易に出してしまうと、野党はその後交渉のカードを失うことになります。不信任案が国会闘争の「山場」と言われるのは、このような理由があります。

野党側が本当に止めたい、遅らせたい法案があるときは、内閣不信任案だけではなく、法案に関係する委員会の委員長や大臣など、関係しそうなあらゆる閣僚の不信任案が乱発されることも珍しくありません。

他方、不信任案は「出すぞ」と交渉のカードに使われているときが効力を発揮するとも言われます。実際に総理を辞職に追い込むことができるケースは少ないため、鞘におさまっていると怖く見えるが実際に出されてしまえば意味のない「竹光（竹刀＝真剣ではない）」と言われることもあります。

「とりあえず出しておくか」と出される内閣不信任案では、「年中行事」と言われ、緊張感がない不信任案になってしまいます。

「内閣不信任案＝党首討論」？

内閣不信任案の趣旨弁明は、野党第一党の党首によって行われることが通例です。よって、実質的な党首討論として、与野党の党首による国家観や政策ビジョンの対決になることもしばしばです。

近年では、野党第一党の代表である枝野幸男衆議院議員が第１９６回国会で行った不信任案の演説が憲政史上最長の長さだったことが話題になりましたが、長時間にわたって政権の問題点や、自党の方針などを語ることができる、野党にとっては貴重な機会です。

政治の本質は、与党と野党の戦いではありません。それは、目的ではなく、あくまでも手段であります。権力闘争に勝つという目的のために、社会のモラルや秩序を壊してしまう。本来、民主主義の前提としてなされなければならない、国会でうそをつかない、国会には正しい文書を出す、情報を隠し、ごまかしはしない、こうしたことを壊してしまったのでは、国民生活の、より豊かな暮らし、生活をつくり上げていくという本来の目的に反することになってしまいます。

これ以上、目先の権力闘争ばかりを重視して、国民生活の将来に禍根を残し、うそやごまかしや開き直りを蔓延させてモラルハザードを生じさせれば、必ずや歴史に断罪されると私は確信をしています。

枝野幸男立憲民主党代表

平成30年7月20日　衆議院本会議　内閣不信任案趣旨弁明

過去には民主党・鳩山由紀夫代表の不信任案趣旨弁明など、政権交代後を見据えた不信任案などが話題になったケースもあります。与野党が伯仲となれば、不信任案で何が語られるか、ということも注視されるのです。

これからも国会の攻防の中で不信任決議案は提出され、様々な形で趣旨弁明が行われるでしょう。不信任案は国会の花であり、最大の山場です。ぜひ与野党の討論に耳を傾けてはいかがでしょうか。

「政党」「会派」「連立」の違いとは？

こんな疑問に答えます
- 会派の人数が増えるとどうなるのか
- なぜ「数は力」と言われるのか
- 地方議会と国会の違いとは

近年、政界再編の中で、政党合流や統一会派、あるいは連立政権などの言葉が飛び交うようになりました。

しかし、これらの言葉はすべて全く別の意味を持ちます。どのように違うのでしょうか？

❖政党❖

政治的意見をともにする人々が結成した組織。代表者がおり、通常入党すれば「党員」となり、党の意思決定に意見したり、代表を選出する代表選にて投票できたりする。

党員は他の政党には入党できないが、党友・サポーターなど掛け持ちできる制度があることも。比例代表は政党として出す。

❖院内会派❖

議会においてともに行動する集団。代表質問・党首討論・議員立法の提出などは会派単位で行う。ただし「政党」助成金は、会派の人数に関係なく政党単位で支払われる。

❖連立政権❖

通常、首班指名選挙において同一人物に投票し、過半数を確保した政党同士によって樹立される政権。連立の場合は各政党が一人以上は大臣を出し、出さない場合は「閣外協力」として区別される。

会派って何？

この中で一番わかりづらいのは「院内会派」ではないでしょうか。「院内会派」にも様々なケースがあります。

❖政党＋無所属の議員❖

特定の政党に近い行動をとっているが、入党が認められなかったり、選挙区事情などで入党しない、政党に所属しない議員とともに会派を組む。

例えば、比例区選出議員であれば、政党間の移籍は選挙を経ないと認められないため、一時的に会派に所属する形になる。

「無所属」には「会派に所属しない」「政党に所属しない」の二つの意味があるため、厳密に「政党に所属しない議員」を表す言葉としては「無党籍」が使われる。

❖政党連合❖

政党同士で会派を組むこと。政党間で合流・合併までは至らないものの、大きな方向性は同一である時、政党連合として会派を組む。日本では少ないが、海外の議会では政党連合で選挙を戦うこともある。

国会の会派において、数が多ければ多いほど発言権も上がり、より多くの質疑時間を確保することができる。

❖無所属議員同士の会派❖

例えば、沖縄選出の議員の中には「オール沖縄」という形で、特定の政党の支持を受けず、様々な政党や団体の支援により当選した議員がいる。そのため、沖縄選出の議員で「沖縄の風」という会派を組んで連携している。

選挙区や地域、本人の事情によっては政党に所属できないことも多く、その場合、特定の政党と会派を組むのではなく考え方が近い議員同士、地域同士で連携して会派を組むことがある。

院内会派はあくまで議会の中のグループであるため、選挙で競合することもありますし、公約などは異なるものになりますが、法案の賛否は統一し、法案なども共同で出すことがほとんどです。

つまり、野党側が院内会派を統一で組んでいる場合は、連立政権を構成するという前提で会派が組まれています。

自民党と公明党は統一会派を組んでいませんが、長く連立政権を形成しており、2009年からの民主党政権における野党時代にも一致して行動することがほとんどでした。

また、かつての民主党、民進党、立憲民主党と共産党など、会派も組まず連立政権に関しても否定的であるにもかかわらず、選挙などでは一定の協力を行うケースもあります。

政党間の協力のあり方は、院内・院外含めて様々でありますが、有権者にとってわかりやすいことが望ましいでしょう。政党、という組織だけで拾いきれない民意を様々な形で集約することも必要です。

「会派」の人数が増えるとどうなるの？

国会では「数は力」といわれますが、会派の人数によってこのような事項が左右されます。

・委員会での質問時間
・党首討論での持ち時間
・議院運営委員会に理事を出せるか
・党首討論に参加できるか
・議員立法を提出できるか

少数政党は議員立法も提出できず、党首討論にも参加できず、委員会などでも質問時間が短い上、質問順は最後の方になります。このため、統一会派を作って、「数は力」に則り、違う政党と合意形成をしていくことが求められます。

また、国会においても、地方議会においても、また選挙においても、政党に属さない無所属議員は、更に制約が多くなります。

このように、日本の国会においては、大人数の会派ほど優遇され、少数会派・無所属議員は議会活動が十分にできない、という現状があります。

地方議会における会派

国政で言えば、基本的には「政党」が最も小さい単位であり、会派は、政党と無所属の議員や、政党同士で組まれることがほとんどです。

他方、地方議会では、同じ政党でも会派が分かれることが珍しくありません。また、地方議会の会派は政党名にならないことも多いのです。

例えば、今治市議会の会派構成（2021年3月時点）を見てみましょう。公明党と共産党は別として、このような会派名が並んでいます。

「音輪会」「清風会」「新生会」「政常会」「創政会」「如水会」「優風会」「勁草会」

この会派名を見て、どの会派がどの政党と関係があるのか、どのような政策を掲げているのか、わかる人はいるでしょうか？

ここからも、地方議会においては会派という概念が国政と異なることがわかるでしょう。このような会派構成になる一つの理由は、選挙制度の違いです。地方議会は大選挙区制であり、小選挙区と比べると遥かに小さな得票率で当選することができます。多数の候補の中から一人を選んで投票し、上位で定数人数が当選する選挙のため、政党の公認であることのメリットが薄く、政党を打ち出した選挙をすることのメリットも薄いのです。

また、都心部以外の地方議会においては、保守政党が強く、半分以上を同一の政党が占めることが珍しくない、という事情もあります。

参議院の存在意義とは？

こんな疑問に答えます

・緊急事態における参議院の重要性とは

・歴史的な参議院会派の意義とは
・二院制の利点と欠点とは

憲法上、国権の最高機関であり、国の唯一の立法機関であるとされるこの国会において、行政監視機能は立法機能と並び議会としての権能の根幹を成すものです。また、我が国で採用される議院内閣制において、とりわけ参議院は任期が長く、長期的な視野で良識の府として行政監視機能を十全に発揮するものと解されています。

平成初頭、度重なる行政不祥事の発生に高まった国会の行政に対する監視・監督機能を強化すべきとの国民の声などを背景に、参議院に期待される行政監視機能を向上させるため、平成十年一月、行政監視委員会が創設されました。衆議院では決算行政監視委員会が一つの委員会とされた一方、本院では行政監視と決算が別の委員会とされたことは、行政監視機能を重視する参議院独自性の表れと言えます。

吉川沙織参院議員
令和2年6月5日　第201回国会　参議院本会議

「良識の府」「熟議の府」の現在地点

参院は慣例的に「良識の府」、あるいは「熟議の府」と呼ばれてきました。「良識の府」という言葉は、第13回国会（昭和27年）からすでに使われていたようです。

昨日提案されました緑風会の修正案なるものは、その本質において自由党の原案と何ら異なるところなく、我々の期待と去ること極めて遠く、（「その通り」と呼ぶものあり）かくて国民大衆が良識の府といたしまして参議院に繋いだ微かな唯一つの希望すら今や失われんといたしまして、議会政治全体に対する不信と危機を招くに至りましたことは、緑風会のためにも誠に惜しみても余りあることと言わなくてはなりません。（「そうだ」と呼ぶ者あり、拍手）

戦前に「貴族院」として、爵位を持つ人間が在籍していたことにより、様々な形で衆議院とは違う議論を行ってきたのが日本の上院です。その気風を受け継いでか、戦後の参議院においても、かつては「緑風会」という会派が存在し、衆議院の政党政治とは違う、参議院の独自性を発揮していました。

❖緑風会とは❖

「既成政党にあきたらぬ清新な人たちばかりを集め、無所属クラブを作ってはどうか」という後藤隆之助の意見から山本有三らによって結成された参議院独自の会派。貴族院出身など、気位の高い議員が多かった参議院の気風を象徴していたと言われ、最盛期は92人の参院議員を擁して最大会派となった。保守合同による自由民主党の結成後は衰退し、衆議院と同じく政党政治が主軸となった。

参議院議員には、衆議院議員と比べ、二つの特徴があります。

・任期が長い
・解散（任期途中の辞職）がない

より長い任期と、解散がないという特徴、そして、衆議院のように予算や総理の指名といった「主戦場」となる案件がないことから、日程闘争など衆議院の対立的な気風から一定の距離をおいて慎重にチェックアンドバランスを果たすことが求められるとされます。

衆議院の優越とは

日本に限らず、二院制を採るほとんどの議院内閣制の国においては、どちらかの院に優越権を定め、両院が対立した場合に政府がレームダック状態になることを防ぐ措置が執られています。

日本国憲法においては、下記のような項目について、衆議院の優越が認められています。そのため、総理大臣が決められなかったり、予算が通らなかったりするケースは想定しづらく、どのような場合でも国としての最低限の機能は維持できるように設計されています。

・予算の議決
・条約の承認
・内閣総理大臣の指名

他方、通常の法律案においては、仮に衆院で可決された場合でも、参院で法案が否決されると、衆院で3分の2以上の得票で再可決されない限り、廃案になってしまいます。

参院における多数は一定の意味があり、衆参の多数政党が異なる「ねじれ国会」において野党のプレゼンスは高まります。法律案において与党が野党側に譲歩し、大連立に近い状態になることや、参院多数政党の強硬な反対により法案がほとんど決まらず、国会が空転することもあります。

参院不要論

このような特徴から、参議院はそもそも、国会闘争の中心になることはありません。行政のスピード感を重要視する立場からは、常に不要論も提起されてきました。「決められない政治」の象徴にされたり、衆院の「カーボンコピー」と呼ばれることも少なくありません。

衆参で同じ政党が多数を占めている場合や、衆院で与党が3分の2以上を占めている場合（つまりほとんどの場合）、参院の審議は実質的に影響を与えず、日程が決まれば儀礼的に行われてしまう。他方で、衆議院と参議院で多数政党が異なる場合、行政の停滞を招く危険がある。参議院はこのようなジレンマを抱えています。

このような現状から、参院改革は度々議論されてきました。特に、参議院をなくしてしまう「一院制」はその最もわかりやすい例です。一院制の導入をマニフェストにしている政党すらあるように、一院制、すなわち立法府の縮小こそが構造改革だ、という議論があります。

二院制の意味とは

二院制の意味とは何でしょうか。ＩＰＵ（Inter-Parliamentary Union 列国議会同盟）の２０２０年度調査によると、世界１９３カ国のうち59・07％（１１４カ国）が一院制を採用し、40・93％（79カ国）が二院制を採用しています。

先進民主主義国家の多くは二院制を採っている、と言われます。実際、Ｇ７諸国では中国以外のすべての国が二院制を採用しています。しかし、韓国や北欧諸国など二院制から一院制に移行した国も少なくありません。

また、イギリスやカナダなどイギリス連邦諸国では、上院が公選ではなく貴族制の元老院であるため、極端に下院の優越が認められているケースもあります。

それでは二院制にはどのような意味があるのでしょうか。

例えば、衆議院には解散がありますが、衆議院解散の際に大規模な災害などがあり、立法が必要なとき、内閣は参議院を召集することが出来ます。これが国会法に定められた「緊急召集」です。

国会法第九十九条

内閣が参議院の緊急集会を求めるには、内閣総理大臣から、集会の期日を定め、案

件を示して、参議院議長にこれを請求しなければならない。

また、議会が複数に分かれていることで、多元的な意見を確保し、様々な有権者の民意を反映できるという主張もあります。

実際に、参議院の憲法調査会ではこのような意見がありました。

三年ごとに国民の意思を問うことが強制される参議院と、時々の政治的状況の中で解散をし、その時々の民意を確認する機能を持つ衆議院という二つの性格の違う院を持つことは、重要な意味を持つ

簗瀬進参議院議員

国会には（1）スピード感のある民意の集約・合意の形成と（2）多様な民意の反映が求められるが、一院制では両者の充足は不可能であり、二院制により二つの機能を分担し、補完し合うことが必要

山口那津男参院議員

二院制のデメリット

他方、二つの院を通すことで、時間はかかりますし、直近の選挙による民意が反映されなくなる、という危険性があります。

この点について、1953年に二院制から一院制に移行したデンマークの日本大使館は、Facebookで理由をこのように語っています。

二院制には、「多角的な民意の反映」や「議会の多数派による専制の阻止」といった意義があるとされますが、他方で、「法律の改革の迅速性」を犠牲にするデメリットもあります。

この点、デンマークでは、一院制への移行に際し、選挙に比例代表制を採用することによって「多角的な民意の反映」を、議会運営における少数派の保護・配慮によって「議会の多数派による専制の阻止」をそれぞれ担保することにしました。つまり比例代表制によって、死票が生じることがなく、「多角的な民意の反映」が実現されていることや、少数政党にも議案の審議を慎重に行うように求める権限が憲法上認められていることで、「議会の多数派による専制の阻止」につながっていることが、デンマークの国会の特徴であるといえます。

確かに、多元的な意見を確保するためには、議会を構成する議員が多元的である必要があるのであって、二つの院に分かれていることだけが多元性・多様性を担保する訳ではありません。

このような観点から見れば、自国にとってベストな選挙制度を一つ確保することが重要であり、院が複数であるかどうかが民意の反映に関係するわけではない、という意見にも頷けるものがあります。

参議院のこれから

参議院には課題も多くありますが、「多様な民意を反映する」という意味で、衆議院にはない独自の機能を発揮してきたことも事実です。

・初めて同性愛を公表した国会議員（尾辻かな子議員）
・車椅子の国会議員（八代英太議員）
・筋萎縮性側索硬化症（ＡＬＳ）の国会議員（舩後靖彦議員）
・アイヌの国会議員（萱野茂議員）
・ヨーロッパ出身で帰化した国会議員（ツルネン・マルテイ議員）

など多様なアイデンティティを持つ多くの議員は参議院で初当選しました。

また、戦後のほとんどの時期で、参議院の女性比率は、衆議院の女性比率よりも高く、これは、広い選挙区と比例区（全国区）の存在から、よりトップダウンの人選がしやすいという理由が挙げられるでしょう。

一院制、二院制それぞれにメリットとデメリットはありますが、これらの利点と欠点を十分に把握した上での議論が必要です。

第4章

野党の役割

「質問通告」は、なぜ必要？

こんな疑問に答えます
- なぜ質問通告は遅れるのか
- 質問通告の意義とは
- 霞が関の負担を減らす方法とは

物事を深めていく、議論を深めていく上においては、前もって質問通告していただかないと、これがどういうものであったのか、あるいは政府側がどういう答弁をしていたかということを確かめさせていただかなければ、それは答弁のしようがないわけでございます。

安倍晋三総理大臣

平成30年3月26日　参議院予算委員会

冒頭、安倍晋三総理大臣の、予算委員会での福島みずほ参院議員に対する答弁を紹介しました。

近年「通告がないから答えられない」と首相・大臣が答弁するケースが増えています。「官僚の負担」と槍玉に挙げられがちな質問通告ですが、そもそも質問通告とは何で、なぜ必要なのか、皆さんはどの程度ご存知でしょうか。

質問通告は、国会法に定められたルールではなく、あくまで与野党間の慣習に過ぎません。しかし、質問通告は常に与野党間の大きなイシューとして取り上げられてきました。

質問通告の遅れが省庁にいる官僚の労働環境を悪化させているという批判は、野党批判の文脈で取り上げられます。ある官僚はこのように述べています。

すべての議員から質問通告が出揃うのは、平均で午後8時41分。もっとも早く出揃った日は午後5時50分だった一方で、もっとも遅かった日は日付が変わった午前0時半だった。

資料作成をする担当が決まったのは、平均で午後10時40分。もっとも早かった日は午後6時50分で、もっとも遅かったのが翌日午前3時だった

BuzzFeed News「国会議員が官僚に強いる「ブラック残業」午前3時から答弁をつくることも」
２０１６年10月6日

しかし、質問通告が早いか遅いかを考える前に、今回は、そもそも質問通告とは何か、それはどうあるべきなのかについて考えてみましょう。

そもそも開催日程が決まらない

そもそも、日本の国会においては、本会議や委員会の開催が前日に決まることも珍しくありません。２日前に通告しようにも、開かれるのかわからないのでは物理的に難しいのが現状です。

この点は、与野党問わず様々な形で提言がなされています。自由民主党に所属する新潟選出の細田健一議員は、自身のブログ（２０１３年5月2日）でこのように書いています。

国会の日程は基本的には前日まで決まりません。前日になってようやく「明日13時から本会議、所要時間2時間」というような予定が飛びこんできます。

地方議会は予め会期中の予定がきっちり決まっているため、地方議会の議員経験者

の1年生議員の方々は、相当違和感があるようです。当方も、正直、前日まで日程が決まらないというのは参ります。

なぜこういう状況になるのか、というと、与党が多数を占めている衆院の下、内閣提出の予算や法案は、基本的には（衆院においては）修正が行われずに成立するという暗黙の前提があるため、野党が中身の議論よりも日程闘争に重きを置いているからです（「予算の成立を遅らせて内閣を窮地に追い込む」というような、新聞紙上でよく見かける類のものです）。

近年の国会においては、法案成立のための日程がタイトになり、いわゆる「職権立て」（理事会の合意ではなく、委員長の職権で委員会を開催すること）が増えています。

衆院法務委員会は15日、外国人労働者の受け入れを拡大する出入国管理法（入管法）改正案について、16日に審議入りすることを葉梨康弘委員長（自民）の職権で決めた。野党側は反発を強め、15日も各党国会対策委員長が成立を阻止する方針を確認した。

朝日新聞デジタル「入管法、委員会審議へ　委員長職権で決定、野党反発」２０１８年11月16日このような傾向も、委員会の日程が決まらなくなる要因の一つとなっています。日本が会期制の議会制度を採用していることで、会期末までに審議未了で廃案にすることが野党の目的になっている、という批判もあります。

大臣が官僚に依存している

そもそも、質問通告は一から十までなされるべきなのでしょうか。あえて通告しない例としては、下記のようなものがあります。

・速報的な事柄に関する質問（朝刊の特ダネなど）
・通告するまでもなく答えられるであろう質問
・人間性、資質などに関する質問
・やり取りの中で出てきた疑問

そもそも、国会質疑というのは生き物です。全部通告して全部答えがわかっているなら、すべて質問主意書でやり取りすればよいわけです。

内閣の資質を問うような質問に関しては、通告せずに質問することはおかしなことではありません。

予算の細目などは通告しなければ答えられないのは当然です。しかし、大臣として当然理解しているべき、所管事項の基本的な質問に対して「通告がないから答えられない」と答えれば、大臣としてその職責を果たせないと判断されてもやむを得ません。

日本の質問通告が曖昧であることに関しては「曖昧な質問は残業を激増させる」というような批判がありますが、そもそも通告から想定問答を組み立てるのは行政の役割であり、通告をしないのもまた立法府の一つの権利です。

日本でも、期限が定まらない曖昧なやり方をやめ、文書通告を明確化し、能力が高く、様々な専門事項に対応できる人間を大臣にするという当たり前のことを行わなければいけないのではないでしょうか。

そもそも、細かい数字の部分は別にしても、省内の方針や政府としての統一見解を理解してその場で答弁できない人間が大臣になることは、本当に正しいのでしょうか？

野党があえて遅らせている？

「野党が質問通告を遅らせている」という批判も存在します。河野太郎衆院議員は自身のブログ（２０１６年８月22日）でこのように述べています。

現在のように国務大臣が国会に貼り付けになる、しかも極端な時はその日の未明に質問通告が出され、そのために、すべての日程がそれでガラガラと変わるというのは、合理的とは言えません。

特に外国の閣僚が来日し、閣僚間の会談が設定されているにもかかわらず、質問通告があればそれを変更しなければならないというのは、外交にも影響が出てきます。

予算委員会ならば、どの省庁の予算の審議は何日に行うということを決めればそれに応じて大臣の日程を事前に確保できます。

大臣が質問通告に振り回され、行政のトップとしての仕事をする時間がきちんと事前に決められないということは、官民合わせてものすごく多くの人の時間を振り回していることになります。

いくら日程がタイトとは言え、未明に質問通告が出るような状況は、当然野党議員にも責任の一端があるでしょう。

三つの問題

こうしてまとめてみると、大きく三つの問題がありました。

①前日に委員会開催が決まる、国会の日程制度
②官僚に依存せざるを得ない閣僚の資質
③ギリギリまで通告をしない野党

一般的には、③が最大の要因と考えられているかもしれませんが、より比重が重いのは①と②でしょう。

質問通告は必要か？

フランスでは、システマティックな質問通告制度がないため、逆に、閣僚は一般的な準備を行った上で、その範囲内で答えるしかない。そのため、時には不正確な答弁を行ってしまうこともやむを得ないものと、受け止められています。

国立国会図書館によると、イギリスの議会制度における（クエスチョンタイムの）質問通告は、このようにあります。

質問者が与党議員の場合、質問の背景や補充質問の内容といった情報が事前に大臣側にもたらされることがしばしばある。一方、質問者が野党議員の場合、通常、大臣

を窮地に陥れるために予想外の補充質問をしようとするので、大臣は内容を推測して準備を行う。

通告に関しては2日前を期限として、下院議長か事務局あてに紙・もしくは電子データによる提出を行うようです。日本のように、質問通告の後に官僚が議員にヒアリングに赴くことはありません。

そもそも、海外ではこれほど官僚が手取り足取り、場合によっては質問に対する返答だけではなく、質問そのものを作ってしまう状況というのはありません。

自民党の小林史明衆院議員は、自身のブログ（2018年5月10日）でこのように述べています。

イギリスの下院では、〝閣僚級〟同士のクエスチョンタイムは月曜から木曜まで1時間実施されます（参照：国立国会図書館『英国における政権交代』）。

同じようなシステムをもし日本に導入したら、野党側はいまよりも専門的で、かつ実のある政策論で追及し、法案の修正や廃案を迫るようになります。当然のことながら、野党としては政権担当能力を示す方向にインセンティブが働くようになるでしょう。

これは政権側にとっても厳しいながらメリットがあります。本質論で攻められるとなれば、矢面に立つ閣僚は、付け焼刃の勉強では対応できなくなります。

与野党の健全な議論のためにも、また本質的には官僚の負担を減らすためにも、閣僚が自らの言葉で語ることはとても重要です。

もっとも、そこで問題発言をすればその尻拭いをするのは官僚である、という堂々巡りの問題もあるので、難しいところです。

質問通告問題というのは、本質的には日程闘争の問題でもあり、それを（立法府の権限を縮小しない形で）改善しようとすると、会期制度自体、あるいは委員会中心主義自体を再考せざるを得ません。

しかし、現状の官僚の負担を考えて、今の質問通告のあり方のままに国会を通年化することは、いたずらに負担を増やしてしまうことが予想されます。

立法府のチェック機能をしっかりと維持したまま、負担の少ない形にするために、真摯な議論が必要です。

これからどうするべきか

人手不足である霞が関に対してしっかりと予算をつけることが重要であることは論をまちませんが、諸外国のように政党や議員のスタッフを増強し、政党自体の政策立案や答弁作成能力を高めることも必要です。

あるいは、立法府側の予算を増やし、事務局の調査・対応能力を増やす、という手法もありうるかもしれません。

そもそも、国会審議活性化法の制定意図は、官僚が大臣の代わりに答弁をすることを禁じ、その代わりに副大臣・政務官を導入することで、政治家がしっかり自分の言葉で国民に語りかける政治を実現するということです。

「質問通告が遅い」という事象だけを見れば質問する側にすべての責任があるように見えるかもしれませんが、まずは一歩立ち止まり、国民的な合意の取れない政策や、説明不足のままに立法府を軽視する政府、答弁能力に欠ける閣僚、そして、日本の特殊な議会制度について考えてみてはいかがでしょうか。

質問主意書には意味があるの？

こんな疑問に答えます
- 質問主意書が多い議員といえば
- なぜ質問主意書は官僚の負担になるのか
- 質問主意書の意義とは

質問主意書も、調べてみると二〇〇〇年から一気に急増しているわけですね。それがなぜ急増したのかということの課題分析、もしかしたら、三つ星の何かランクを付ける議員になるためにたくさん出さなくちゃいけないとかそんなことも聞かれる中で、いや、本当、質問主意書って元々何だったのかということをひもときながら、提出方法についても、これは国会法を見直さなければいけないのかもしれません。

出してから七日以内にお返しするとか閣議決定しなくちゃいけないとかいうことは

本当に必要なのか、今日的に見て。是非この改革も必要だと思います。

矢田わか子参院議員
令和2年11月26日　参議院内閣委員会

質問主意書とは何か

国会法第74条
各議院の議員が、内閣に質問しようとするときは、議長の承認を要する。

質問は、簡明な主意書を作り、これを議長に提出しなければならない。

議長の承認しなかつた質問について、その議員から異議を申し立てたときは、議長は、討論を用いないで、議院に諮らなければならない。

議長又は議院の承認しなかつた質問について、その議員から要求があつたときは、議長は、その主意書を会議録に掲載する。

国会法第75条
議長又は議院の承認した質問については、議長がその主意書を内閣に転送する。

内閣は、質問主意書を受け取つた日から7日以内に答弁をしなければならない。そ

の期間内に答弁をすることができないときは、その理由及び答弁をすることができる期限を明示することを要する。

国会の委員会には、それぞれ「議題（所管事項）」があります。例えば、国土交通委員会であれば「国土交通省の所管に属する事項」が所管事項となっていますし、予算委員会であれば「予算」が所管です。

委員会においては、所管に関係のない事柄については質疑できません。予算委員会は、慣例的に「予算」を所管しているため、「内閣がやることはすべて予算が関わる」という建前で広範な質疑が許されています。

今「質疑」という言葉を使いました。「質疑」と「質問」は似た言葉ですが、国会においては意味が違います。

質疑は「議案」に対して政府見解をただすもので、質問はあくまで国政一般について広く内閣の見解を問うものです。

日本の制度上、質問には二つの形があります。文書質問と口頭質問です。１９６０年代までは口頭質問も行われていましたが、現在質問は代表質問を除いてほとんどが質問主意書による文書質問となっています。

地方議会では、国会でも行われる「代表質問」の他に、「一般質問」という形で、一問一答で質問を行うことができます。

日本の国会のように、質問主意書の制度のみが存在し、一般質問が制度化されていないのは、議会制度としては珍しいと言えるでしょう。

質問主意書を出す議員

質問主意書を活用した議員として最も有名なのは、鈴木宗男参院議員でしょう。２００５年以降、衆院議員時代から、２０００以上の質問主意書を主に外務省関連で提出し、「質問主意書のキング」として名を馳せました。

その他にも、長妻昭衆院議員、逢坂誠二衆院議員、小西洋之参院議員などが質問主意書を多数提出する衆院議員として知られています。

質問主意書は野党の武器の一つであり、国会質疑とは違った形で、立法府から行政へのチェックアンドバランスの機能を果たします。

例えば、通常国会の冒頭であれば、どうしても予算案の審議が優先されるなど、その時々に質疑しなくてはいけない事項がありますが、質問主意書はそういった点に縛られず、広く内閣に問いたい事項についてただすことが出来るのが利点です。

質問主意書の問題点

質問主意書の問題点とは何でしょうか。まず、行政目線で見てみましょう。

質問主意書は土日を含めて「7日以内に返答しなければならない」と決まっています。更に、閣議決定は閣議がある火曜日・金曜日に行う必要があります。

こういった観点から、質問主意書は優先順位を上げて対応せざるを得なくなっており、官僚の疲弊や生産性の低下につながっているという指摘があります。

予算に対しての審議などと違い、7日間という制限が必要なほど急ぐ質問はそれほど多くはありません。

他方、質問主意書制度には、立法府から見ても不十分な点が多々あります。議案をただす質疑と違い、広範に内閣の問題について問う質問が、国会の会期中のみ行える、というのは、国政調査権という憲法上の権利から言っても、適切とは言えません。

また、近年、質問主意書の増加に伴い「お尋ねの趣旨が明らかではない」など、政府が明確に答えないケースが増加しています。

これらを踏まえると、返答期限を延ばす代わりに閉会中を含め、しっかりと行政が対応できるよう体制を整える必要があるのではないでしょうか。

また、そもそも「文章で」「官僚が」答えなくてはいけない、という前提もおかしなものです。かつて行われていたように、口頭質問の導入も一案ではないでしょうか。

また、党首討論は本来毎週開かれるもの、とされていますが、党首同士のやり取りも、提出されている法案の内容に縛られないため、実質的には質問と呼べるものです。

いずれにせよ、行政府への無意味な負担を減らすとともに、不十分な日本の国会における質問制度を充実させることが、行政府の効率化という観点でも重要であると言えます。

審議拒否はなぜ起こるの？

こんな疑問に答えます

- 議会における「議事妨害」の意味とは
- フィリバスターと審議拒否
- 通年国会になれば審議拒否がなくなる理由

審議拒否はなぜ起こるの？

これを妨げる条件が日本の議会にはやはりあるものですから、そこはむしろ与党が心して野党にもある種のことを約束していただくということがないと、日本の国会の制約、つまり会期制のもとでは、余り延々たる議論が行われたり、我々も野党時代、ある種、心の中ではじくじたる思いをしながら審議拒否をして寝っ転がるという行為もやったことがあります。

政策議論を中心に、国民の世論動向をちゃんと見ながら新たな合意形成を図っていくという役目が議会の役目だと僕は思いますけれども、そういうふうになかなかならない不幸がまだこの国の議会には、いろいろな外的な条件、つまり会期制の問題とかいろいろな問題があるんでしょうけれども、そういうことで、できれば、できるだけ早い機会にそういう合意形成の場に議会がなった方がいいなというか、なるべきだなというふうに考えていることは間違いございません。

仙谷由人行政刷新担当大臣
平成22年4月9日　衆議院内閣委員会

審議拒否を巡る議論

近年、野党の審議拒否に関する抵抗感が、かつて無いほどに高まっています。そもそも、審議拒否とは何でしょうか。

❖審議拒否❖

野党側の抵抗戦術の一つ。国会審議に出席しないことで国会を空転させ、審議に復帰することを条件に与党側から審議時間など一定の譲歩を引き出す。

ただし、審議拒否に対する国民の否定的な声も少なくないため、野党側も無意味に連発することはできない。

近年は与党側が審議を嫌がる傾向にあり、かつてのように野党主動で国会が空転することは減っている。

審議拒否は国会をあえて止めることで与党の譲歩を引き出すものですが、一見すると国会を止めることが交渉手段になるのはおかしい、と思われるかもしれません。

そもそも、なぜ審議拒否が生まれるのでしょう。

さかのぼって安保闘争の頃は、より直接的な議事妨害が頻発し、乱闘国会と言われ暴力行為も横行していました。しかし、世論の反発を招くとともに沈静化し、代わりに台頭してきたのがいわゆる「国対政治」です。

国対政治とは、国会対策委員会が中心になり、与野党で交渉を行いながら行う政治を指します。

与野党の国会対策委員会が緊密に連絡し、野党側に「見せ場」を用意しつつ必要な法案はきちんと通す。こういった「表では対立、裏では協調」のやり取りが繰り返されることで、野党の審議拒否はパフォーマンスの一つとして定着してきました。

日本以外にも議事妨害は存在します。しかし、一般的な対抗手段は、審議拒否ではなくフィリバスター（長時間の演説）です。

❖フィリバスターとは❖

長時間演説することで、採決を遅らせる手法。

長年アメリカの上院では無制限の演説が許可されており、フランク・キャプラ監督の名作「スミス都へ行く」でも、主人公のジェフ・スミス上院議員が長時間の演説で黒幕の野望をくじこうとする姿が描かれた。

しかし、実情としては、人種隔離を支持していたストロム・サーモンド上院議員が24時間の演説を行うなど、南部を地盤とする公民権運動など差別解消への反対として用いられることも少なくなかった。

日本では、戦後では森裕子議員が年金改正法案の審議（２００４年）で行った3時間1分が最長。


なぜ、日本だけがこのように特殊な議事妨害方法が定着したのか。それは日本の会期制度と大きく関連しています。

国会の「会期制度」とは

国会には「会期」というものがあり、通常国会においては１５０日が会期となります。会期延長も可能ですが、制限があります。

会期末までに本会議で議決されなかった法案（もちろん、委員会に付託されていない法案も）は、「審議未了廃案」として、委員会で継続審議の議決がされない限りは廃案となります。

反対する法案に対する野党側のゴールは、基本的には会期末まで本会議にて議決をさせず、審議未了廃案を狙う、ということになります。

日本以外の国会の会期は基本的に議員の任期と同一であることが多く、日本のように一年の半分しか通常国会が開催されない制度は珍しいのです。ですから、審議拒否のような議事妨害の手段が有効であるのも、日本のみであるということになります。

通年国会とは

会期をそもそもなくしてしまい、常に国会が開いている状態にすれば、野党は審議拒否という戦術を取っても廃案に追い込める可能性がなくなるため、会期引き延ばしを目的とした審議拒否はなくなります。

これを、「通年国会」といい、常に議論の対象となっています。

❖通年国会❖

国会の会期を、現在の150日から改めて、一年中国会を開いている状態を作ること。国会閉会中の有事に対応することが出来、審議未了廃案などの会期制度による法案不成立がなくなる反面、コストの増加や立法審査の形骸化などがデメリットとして考えうる。

通年国会自体は民主党政権時代に、当時政権与党であった民主党が、岡田克也副総理を中心に国会改革案の一つとして提案していましたし、それ以前にも若手議員などから何度も要望、提案がなされてきました。

海外はどうなっているの？

前述のように、一年の中で何度も会期末を迎える国は非常に珍しい……というより、ほとんど無いと言ったほうが適切です。ほとんどの国では短くても議員の任期までが会期か、1～2年が会期です。

日本の会期制度は帝国議会から始まっており、その帝国議会はオランダ、ベルギー、フランス等の欧州先進国の議会をモデルとして制度を設計しています。

敗戦後の議会設計においても、国会の通年化や「常置委員会」の設置は検討されたものの、結局憲法との関係などから、帝国議会の会期制度がそのまま残ることになりました。

しかし、その後多くの国で会期制度は変更され、議員の任期に合わせるような会期制度が採られています。

会期制度はどうあるべきか

会期制度は非常に特殊で、日本の議会制度の歴史の中で様々な機能を果たしてきました。

一義的にいえば、立法府の審査機能が、通常150日しか機能しないという現状の制度は、議会のあり方として望ましくありません。

他方、会期制度に付随した「審議未了廃案」というシステムが、野党の議事妨害を一定程度実質的に効果のあるものとし、審議拒否などの政府与党に対する対抗手段を生んできたことも事実です。

しかし、近年憲法53条において明確に定義された臨時国会の要請を政府が無視する、会期延長をせずあえて予備費を大量に積み、予算審査をすり抜けて行政の財布を肥やすなど、内閣の裁量により国会が開く日数を減らし、審議自体を形骸化しようとする試みも頻発しています。

このような現状を考えれば、やはり通常国会のあり方を見直し、立法府の審査制度を確保し、かつコストや行政の負担をケアしながら通年で国会が開くような制度設計をすることが必要なのではないでしょうか。

国会における野党の役割とは？

こんな疑問に答えます
・なぜ国会に野党が必要なのか
・野党は「反対ばかり」なのか
・野党の「対案」とは何か

「予算委員会」で話されない予算の話

伝統的に、予算委員会というのは、もちろん予算を本体として議論するわけでございますけれども、そのときそのときの問題点がいろいろ、スキャンダルであるとか犯罪にやはりあらわれてくるんだろうと思います。そのこと自体が予算と余り関係ない場合も、それは今までなかったわけじゃありませんけれども、予算に関係ないとは私

は思いません。

予算の質を向上する上では意味のあることだと思いますが、やや、全体を見渡した議論ももう少ししていただきたいなというのが、大変答弁する者として傲慢かもしれませんが、率直な感想でございます

谷垣禎一財務大臣
平成18年2月22日　第164回国会　衆議院予算委員会

冒頭、「予算委員会なのに予算の話がないのはどう思いますか？」と問われた際の、谷垣禎一財務大臣（当時）の答弁をご紹介しました。

「予算委員会なのに、なぜ予算の話ではなく、スキャンダルの話ばかりなの？」は、よく聞かれる疑問です。この疑問に答えるためには、議会制度について、改めて考えなくてはいけません。

第2章でも説明しましたが、日本の議会制度は、アメリカ型とイギリス型の中間と言われています。イギリスの議会制度は本会議中心、アメリカ型は委員会中心です（これは、戦後アメリカの影響を強く受けながらも、大統領制ではない日本がイギリスの仕組みを参考にした結果だと言われています）。

日本の議会制度は、本会議がありながらも、大小様々な委員会があり、委員会で主な質疑が行われるという仕組みになっています（例えば、財務金融委員会、外務委員会、環境委員会など）。「国会は批判ばかり。建設的議論が存在しない」というような意見がありますが、それは大きく報じられる場面しか見ていない一面的な批判です。

実際には、衆院の予算委員会では総理のスキャンダルが追及されるさなか、参院の外交防衛委員会では北朝鮮のミサイル問題について議論をし、決算行政委員会では……と、一日の中でも別々のトピックについて議論されていることも珍しくありません。

スキャンダルばかり？

このような委員会制度の上では、衆参合わせても、ほとんどの委員会はテレビに取り上げられない地味な話をしているものです。

内閣を揺るがす、省庁横断的な大きなイシューの場合、どの委員会でも冒頭そのトピックが取り上げられる、ということがないわけではありませんが、それはあくまで例外です。「通常運転」の委員会はほとんどテレビには映りません。唯一の例外が、「予算委員会」です。

予算委員会は、所管する予算だけではなく、執行する主体である行政府（内閣／政府）の広範な問題について質問することが許されており、例えば閣僚のスキャンダル、政権の基本的な姿勢、首相の個人的な問題や見解について質問することが慣例的に許されています。

党首討論の意義とは

このような予算委員会のあり方に疑問の声もあり、スキャンダルを審査する特別調査会を設置するべきだ、との提言があります。

このような意見にも一理あると言わざるを得ません。

本来、このような問題点を解消するために「国会審議活性化法」で設置されたのが、国家基本政策委員会、いわゆる党首討論です。党首討論は、原則としては毎週開かれることになっていました（繰り返しますが、毎週です）。

しかし、実態として、党首討論は近年どんどん開催が減り、今では一年に一回あればいいほうです。

本来毎週開催されるはずの党首討論が開催されないことは、国会審議活性化法の理念を空文化させるもので、このような行政の姿勢の中で党首討論の代わりとして総理入りの予算委員会が組まれている、という実情もあります。

野党の「対案」とは何？

金融再生法につきましては、私が総理の了解を得て民主党の案を丸のみしたという経過がございます。

また、平成十一年の自民党と自由党との連立の際に、議員立法でありましたが、自由党が要求した国会審議活性化法を成立させた。これは、党首討論、さらに、政府委員制度の廃止、副大臣、政務官制度の創設等を内容とするものでございまして、官僚側からは強い抵抗もありましたが、国会審議に官僚が関わる機会を少なくし、国会議員の審議の参加を多くする改革でありまして、議院内閣制を活性化する狙いであったと存ずるわけでございます。

野中広務参考人（元官房長官）
平成26年2月19日　第１８６回国会　参議院国の統治機構に関する調査会

野党には「対案」がない、という批判は度々メディアからも発せられます。果たしてこれは正しいのでしょうか。

まず、政策を提案するだけであれば、政治家である必要はありません。難しいのは「政策実現」です。

野党による政策が実現した例で最も有名なのが、冒頭ご紹介した金融再生法の例です。

１９９８年のいわゆる金融国会で、バブルに伴う破綻処理のために提出した法律ですが、当初政府が提出した法案を、野党が一貫して拒否することで、最終的には民主党が提出した法案を「丸呑み」する形で成立しました。

当時の民主党は、今よりも「提案型」の野党だったのでしょうか？　そうではありません。参議院で自民党が過半数を割っていたことが理由です。

与党が野党の提案を反映させるか、というのは議会と与党の力関係の問題であり、野党が決められることではないのです。「対案を出そう」と自己定義して政策を出していても、実態としてそれが成立するためには、議会の中で「法案を止める」権限がないと、難しいのが実情です。

どのようにして法案は成立するか

日本の政党は、法案が成立する前に「事前審査」を行います。政策部会などを通して党の議論を行い、党からの承認を受け、連立政権であれば、与党内での調整も行い、ようやく法案が提出されます。

この事前審査制については、河野太郎衆院議員など党派を問わず批判も多く、、民主党政権の一時期は（部分的に）廃止されていました。与党内で了承してから法案が出されるため、与党議員一人ひとりの意見に関係なく、「党議拘束」がかけられます。

日本において法案成立のプロセスには政府与党がかっちりと関与しており、法案を成立させるためには連立入りするのが近道です。金融再生法において野党として法案成立に関与した自由党が、その後自自連立・自自公連立政権として連立政権に入り、多数の法案を成立させたのが好例です。

野党は反対ばかり？

法案成立のプロセスがわかったところで、いよいよ国会における野党の役割について考えてみましょう。野党は反対ばかり、という批判は正しいのでしょうか？

議会をアリーナ型議会（多数派議会）とコンセンサス型議会（変換型議会）の二つのタイプに分けたのが、ネルソン・ポルスビーです。

アリーナ型議会とは、イギリスを典型とする議会政治の制度で、与党と野党が激しく争い、法案は基本的に与党が考え、成立させ、野党は徹底して政府を批判します。

コンセンサス型議会は、ドイツが典型ですが、与野党で話し合いながら政策を修正し、可能な限りの合意形成を試みる議会です。

アリーナ型議会とコンセンサス型議会の二つは、どのように決定されるのでしょうか？ポイントは、選挙制度と議会制度の違いにあります。

イギリスは単純小選挙区制であり、小選挙区は、一般にデュヴェルジェの法則（候補者数は、選挙区の当選者数＋1人に収束していくという法則）により、二大政党に向かっていく、とされています。

小選挙区制度の中では、少数政党も二大政党に吸収されていきます。与党は過半数を持つため、基本的に他党に配慮する必要がありません。そのため、野党第一党は常に政権交代を準備し、行政監視機能を果たします。

対して、ドイツやスウェーデンは、議席数は基本的に比例で決まります（ドイツは比例代表併用制で、一部小選挙区で決まるケースもありますが、基本的には比例）。

比例代表制の選挙を採用する国は基本的に、死票が少ないため多党化します。圧倒的に得票数を伸ばす政党がなくなるため、必然的に与野党間の協力や大連立（ドイツは二大政党のCDUとSDPが長く連立を組んでいました）が行われます。

つまり、野党が提案型なのか、追及型なのかは、議会制度と選挙制度によって決まる要素が大きいのです。

議会制民主主義における立法の役割を果たすのは、野党

議会政治は、もともと絶対君主の監視機能を果たすために生まれました。名誉革命以降、議会の優位が確立する中で、国王の代理としての首相や内閣という役割が与えられ（イギリスでは未だに女王陛下の政府、と呼ばれるように）、徐々に「君主＝行政」の権力の範囲が狭まっていく中で、行政と立法を一つの政党が制する、というある意味でいびつな構造へと変化したのです（君主ではないものの、ワイマール憲法時代のドイツは大統領の権限が強すぎたために大統領令が連発され、内閣が機能不全に陥ったため、戦後のドイツ連邦共和国においては大統領の権限が大きく制限され、代わりに首相が大きな権力を持つようになっています）。

行政の監視をするために生まれたはずの議会が、結果的に行政を握る。この矛盾を解消するために、議会制民主主義の国では様々な形で「野党」を優遇していることは、すでに述べた通りです。

政府と与党が一体である以上、三権分立の観点から見た「立法府」の役割は野党が果たすことになります。国会＝野党と言っても過言ではないのです。

国会と法廷

「ある会社では、全員が賛成する意見は不採用にする」という有名なエピソードがあります。この話の真偽はさておき、全会一致した意見が正しいとは限らないのは事実です。

例えば、法廷を思い出してください。検察は被告人を厳しく断じ、弁護士は、徹底して被告人の利益になるよう、あらゆるロジックを駆使して戦います。

どんなに利己的な動機の犯罪者であれ、何人もの人を殺した殺人犯であれ、弁護人が「こいつは悪いやつだ！　極刑にしましょう！」などと言い出したら話になりません。

与党と野党のやり取りも、それに似ています。与党は、一度組み上がったロジックを決して壊さないようにする。与党は「私は間違っていた」とは言いません。たとえ不祥事でもそうです。野党はそのロジックのおかしさを突きます。

これは、一種のディベートのようなものです。そして、ロジックに詰まれば答弁は止まり、論理の立て直しを図ります。

野党と与党のロジックを丁寧に聞き取り、本当に政府与党の答弁が倒れていない（ロジックが破綻していない）のか？　ということを、我々国民一人ひとりが、判断しなくてはいけないのです。野党は政府与党に提案するのではなく、質疑を通じて、政府の論理を国民に示しているのです。

ディベートの前提とは

国会はディベートであると書きました。ディベートにおける最低限のルールとは、証拠を隠したり、改ざんしないことです。

残念ながら、近年情報を隠したり、公文書を改ざんしたり、このルールを破壊する様々な情報隠蔽が起きています。

更に国会答弁では「答えは差し控える」「記憶は定かではない」など、いわゆる「逃げ」が横行し、議論する前提そのものが壊れています。そのような「禁じ手」をどう判断するのかは、最終的には皆さん一人ひとりの判断です。

党議拘束と事前審査って、本当に必要？

こんな疑問に答えます

・なぜ党議拘束は存在するのか
・小選挙区と党議拘束の関係性
・行政の透明性を確保する方法とは

憲法、外交、防衛など各政党の立党の基本にかかわる問題はともかく、それ以外の問題については極力党議拘束を外すべきだと考えるのであります。

例えば、七たび衆議院で継続審査となっております臓器移植法案やサマータイム法案などの議員立法は言うに及ばず、およそ人間の生命、倫理、社会や家族制度など多様な価値観にかかわるものについては、党議で一律に縛るものではなく、個人の良識と責任において、自由裁量にゆだねるべきではないかと思います。

党議拘束を外すことができれば、参議院は参議院らしさを発揮し、我が国の政治に新たな活力を与えることになると私は確信するものであります。

村上正邦参院議員
平成8年1月25日　参議院本会議

なぜ党議拘束が必要なのか

議院内閣制では、議会の多数が行政の長を選びます。更に、選挙のたびに公約（マニフェスト）を作り、議会において、誰を首相の候補として選ぶか、ということが明示された上で選挙が行われます。

だからこそ、議会においては、個々の議員の考え方・判断よりも、党が決定した政策に従うことが求められます。このために導入されているのが「党議拘束」です。

❖党議拘束とは❖

本会議で採決される議案に対して、党の方針として賛成するのか反対するのかを機関決定し、党に所属する議員が方針と異なる対応をした際に処罰する制度。

党議拘束自体は、制度は異なりますが、諸外国にも存在します。

例えば、イギリスでは、党議拘束の制度は「Whip」と呼ばれますが、強さによって「one-line whip」から「three-line whip」までに分かれています。議案によっては自由裁量が任されているケースもあり、どんな法案でも反対してはいけない、というほど強いものではありません。

フランスなど日本よりもかなり緩い党議拘束の国もあれば、ドイツのように造反がほとんど出ない国もあります。

いずれにせよ、政党が約束することが公約であり、その公約に従って選挙に出馬する以上、重要な法案においては党の方針に従うことで、正しく民意を反映出来るのも事実です。議院内閣制の国において一般的な制度であり、必ずしも廃止すればいい、というものではありません。

党議拘束というと、「党の方針に従うだけなら、議員は必要がない」などネガティブなイメージだけで語られがちですが、党議拘束は選挙公約を国民と政党との約束であり、個々の議員がその有権者の意思に反することがないように機能している、という見方もできます。

日本における党議拘束

日本においては、戦後の一時期や一部の政党（緑風会・日本新党・新党さきがけなど）、特定の法案（臓器移植法など）を除いて、すべての法案において、すべての政党で党議拘束がかけられます。

中選挙区時代は、同一政党であっても複数人が戦うため「党の方針」よりも「候補者本人の政策論」がクローズアップされてきましたが、小選挙区制の導入以降、政党に所属する議員は基本的にその党の代表として出馬することになり、よりイギリス型に近づいた、とも言えるでしょう。

また、「マニフェスト選挙」と呼ばれた２００３年の総選挙以降、公約・マニフェストに対する関心も高まり、国民との約束事を果たすことが重要だという議論も行われています（民主党政権の終了以降、またマニフェストへの関心は下がりつつありますが……）。

事前審査制とは何か

党議拘束はどのようなプロセスでかけられるのでしょうか。これには「事前審査」と呼ばれるプロセスが関わっていきます。

❖事前審査制度❖

政府が法案を提出する前に、必ず与党内の審査と総務会の承認を得るという自民党内の制度。民主党政権は政権交代後、一時これを廃止したが、菅直人政権で政務調査会を復活させた。

通説では、赤城宗徳総務会長が大平正芳官房長官に「法案提出の場合は閣議決定に先立って総務会にご連絡を願いたい」と書簡を送った（いわゆる「赤城書簡」）ことから始まると言われる。

ただし、近年、１９５０年代後半には政調部会による事前審査が定着していたとする研究も存在する。

事前審査制は、Ｇ７の中でも日本しか採用していない特殊なシステムである、とされています。

英仏独の各国では、日本のように内閣提出法案に対して、与党が質問時間を短縮する、与党単独では内容修正をしない、政府が修正案を提出しないということはあり得ない。

少なくとも、採決の前までの段階では、政府対国会の関係から、与党が委員会審議において政府提出法案の審査を行っているのであり、最終的な採決の段階で初めて党議拘束によって与党の政府提出法案への賛成を確保しているのである。

つまり、日本の自民党政権において、与党が事前審査制をとっていることが、日本国会審議の特異性の原因となり、国会審議の形骸化につながっているのである。

朴志善「立法前審査制度の国際比較」２０１８

日本以外の党議拘束においては、与党が事前に審査するのではなく、国会での審議と並行して与党内の審査が行われるため、根本的に日本の仕組みとは異なります。

事前審査は立法府と行政府という対立構造を、単なる与野党対立に変えてしまい、与党質疑を形骸化してしまう危険性があることも、留意しなくてはいけないでしょう。

自民党と事前審査

自民党には、政務調査会長をトップとする政務調査会があります。

政務調査会長は自民党の「三役」に数えられ、幹事長・総務会長に並ぶ重要な役職と捉えられていますが、それは政務調査会の中の「政策部会」が非常に重要な意味を持つからです。

自民党の政策部会は17に分かれ、それ以外に特別なケースに応じて調査会が設置されます。自民党が与党である場合、政府与党として提出する法案は必ずこの部会を通ります。部会は全会一致が原則であり、様々な利害関係を持った自民党の議員が喧々諤々の議論を行います。

この部会において承認された法案は自民党内の議決機関である総務会に付託され、自民党として正式に承認すると、党議拘束がかかります。

このように、党内で徹底的に議論し、異論も含め党内で合意形成を行うことで「自民党が合意した法案」として党議拘束がかけられ、全員が賛成し、造反者には処罰がくだされる、ということになります。

事前審査制度の問題点

しかし、事前審査制には様々な問題があります。最大の問題は、法案決定のプロセスが国民から見えないものになってしまうことです。

事前審査があることにより国会では与党による実質的な審議は行われず、立法府と行政府の間の権力分立は不十分なものになります。与党からの質疑は「お手盛り」になり、立法府の機能を質的に野党がすべて担うことになるのです。

与党単独による修正は形式修正が中心で、委員会での審議を踏まえて、与党が単独修正したり、政府が修正したりするといったことは限定されている。このように、日本の国会では、事前審査制と厳格な党議拘束によって、国会における与党の役割は政府の代弁者に限定され、委員会の運営を政府対国会の関係ではなく、政府与党対野党の関係に固定化しているといえる。

自民党の部会は、時に大臣が出席し、かなり激しい言葉で官僚・政務三役などの行政府の役職者を詰問する議員もいるなど、非常にハードな審査であると言われています。しかし、様々な利害調整を行う非常に重要な法案審査の現場が国民からブラックボックスになっているのです。

もちろん、行政府内部での調整をすべて透明化する必要はありません。機密情報も多数存在するはずです。しかし、事前審査はあくまで行政から立法府への説明の場です。

近年、野党から官僚へのヒアリングなど、行政と立法のやり取りの一部が動画サイトで公開されるようになっています。行政から、有権者の代理人たる立法府議員への説明が公開できない理由はありません。透明性を担保するため、政権与党の政策決定のプロセスも公開することが求められているのではないでしょうか。

見せかけの「多数」を作る事前審査制

第1章で、「多数が必ずしも正しいわけではない」と述べました。

しかし、事前審査制は、国会の「多数決」すら歪めてしまいます。実際には多数の議員が賛同している制度や法改正であっても、少数で強硬に反対する議員が党内にいれば、法案は提出されることがなく、採決されることはありません。

事前審査の現場はクローズドであるため、誰が賛成していて誰が反対しているのかという、議員の意思表明すら、国民からは確認できないのです。

「法案を出すかどうか」の段階で党内が反発すれば、「最後は多数決」のはずの国会で採決にすら至らない。これは事前審査制の大きな問題点といえます。

党議拘束と事前審査のこれから

強すぎる党議拘束は立法府の存在意義を失わせかねません。

立法府の議員一人ひとりが良心に従って投票することが求められるはずの国会で、あまりに機械的に評決が決められれば、尾崎咢堂の「我が国には表決堂ありて議事堂なし」の言葉通り、ただ政府の立法を通してしまうだけの機関に堕してしまいます。

しかしながら、単に「党議拘束はよくない」と安易に考えてしまうのも、議院内閣制における選挙の意味を軽視していることになります。

議院内閣制において、政府と与党の適切な距離を考えることは非常に重要で、難しい問題であることをご理解いただければ、幸いです。

国会を開くのに「一日三億円かかる」って本当？

こんな疑問に答えます
- 民主主義のコストとは何なのか
- 議員は儲かる仕事なのか
- 歳費に見合った仕事とは

国民の皆さん、だまされてはいけません。この間、審議拒否をしているのは政府・与党の皆さんです。

昨年も、憲法五十三条の規定に基づき、野党が臨時国会の開催を要求しました。しかし、六月下旬から九月二十七日まで、そのことを拒み続けたのは政府です。そして、九月二十八日、やっと臨時国会が召集されたと思ったら、一切の審議もせずに解散です。これが究極の審議拒否ではありませんか。

ことしの通常国会もそうです。五月下旬以降、繰り返し予算委員会の集中審議を求めてきました。しかし、与党は、それには全く応じようとはしませんでした。

逢坂誠二衆院議員
平成30年11月20日　衆議院本会議

度々「国会は一日三億円かかる」と言われます。これは、どういった数字に基づいた意見なのでしょうか？

一日三億円？

日経新聞（2020年2月26日）によると、「衆参両院の要求ベースの予算は、衆院が666億7254万円、参院は413億8903万円で、合計1080億6157万円にのぼる。これを365日で割ると、1日あたりの費用は2億9606万円となる」とあります。

この場合の「費用」は、下記を含んでいます。

・国会議員への歳費

・議員秘書への手当
・議員旅費や文書交通管理費

言い換えると、国会に関わる費用を全てまとめて、365日で日割りするとおおよそ一日あたり三億円になります。憲法53条に基づく臨時国会開催要求がなされている際に「一日三億円かかるから臨時国会は開かなくていい」という発言をされた方がいましたが、これは間違っています。国会を開かないことで削減できる費用も確かにありますが、臨時国会が閉じていても支払う議員歳費は変わりません。

むしろ「日割り」なら、国会に出てきてもらって働いてもらったほうが、一日あたりの歳費は安くなります。

議員を減らすことが本当に正しいのか?

一日三億円が正しい表現かはさておき、この金額をどう考えればいいのでしょうか。民主主義には一定のコストがかかることは事実です。議員報酬や議員定数というと、常に削減ばかりが叫ばれますが、本当に議員を減らすことが正しいのでしょうか?

日本の人口100万人あたりの議員数は5・65人で、諸外国に比べて極端に多いわけではありません。多ければいい、少なければいいというものではありませんが、あまりに減らせ、減らせの声だけが声高に叫ばれるのは危険です。

ＮＨＫが実施した地方議員３・２万人を対象にしたアンケートでも、６割以上が議員定数を削減することに反対という結果でした。「無投票になると定数を減らす傾向があるが、それで当選の票数が上がるのであれば、ますます普通の若者は出られなくなり、ベテランと地域のボスしか当選しなくなると思う」との意見もあります。

広く国民の声を聞くためには、一定数の議員が必要です。しかし、国民が国会に対して価値を感じていない状況では割高に感じてしまうのもまた、当然です。

国会議員の歳費

国会議員の歳費は、「国会議員の歳費、旅費及び手当等に関する法律（歳費法）」で、議長・副議長・議員の職に応じてそれぞれ決まっています。

議長　月額２１７万円＝年額２６０４万円
副議長　月額１５８万４０００円＝年額１９００万８０００円

議員　月額129万4000円＝年額1552万8000円

また、期末手当が年二回支給されます。

期末手当　各319万円（年2回で、年額638万円）

その他、国会法38条に定義される文書通信交通滞在費が月額100万円、年額1200万円支給されます。

これだけを見ると、一般の会社員などと比べて国会議員の歳費は非常に高いものに感じるかもしれません。

議員の暮らしとは？

では、視点を変えて、国会議員の生活について考えてみましょう。国会議員は「儲かる仕事」なのでしょうか？

山内康一衆院議員が、2015年に落選した際、議員の生活に関するインタビューを受けています。

選挙が強くて後援会がしっかりしていて、政治資金パーティーやっている人達は、文書交通費とかまで含めて全部が遊ぶ金になる。

でも僕は文書交通費とかはちゃんと事務所のお金として使っている。自民党の時代は年に１３０回くらいお通夜に出ていたんです。

香典だけで1回５０００円として65万はかかる。それから新年会と忘年会合わせて１００カ所くらい出る。会費５０００円ずつとしても50万くらいはかかる。

自民党時代は、毎年地元の市会議員に餅代みたいなのを出していた。お金が欲しかったら、最初から外資系の金融機関なんかをめざした方がいいと思います。

HUFFPOST「「お金が欲しいなら他の仕事がいい」落選した国会議員が見た政界」
２０１５年4月16日

国会議員の方の生活は個人によって様々ですが、必ずしも裕福と言えない議員が多いのも確かです。

公費で雇える秘書だけですべての業務をまかなえる方は少なく、地元や永田町に私設秘書を抱えるのが普通ですし、事務所代も歳費の中から払います。

そもそも、選挙にはお金がかかります。ポスター代、選挙カー……。党から総支部長費などとして一定額が支給されることもありますが、それで全てがカバーできるわけではありません。

しかも、大野伴睦元衆議院議長の「猿は木から落ちても猿だが、議員が選挙で落ちれば、ただの人だ」という言葉にあるように、議員は一度落ちてしまえば収入も名誉もゼロになります。

井脇ノブ子元議員のように、落選後長くかかって借金を返す方もいるようです。

いまの収入は国民年金が毎月7万8000円。そこから毎月3万円だけ払って、（元支援者の）部屋に住ませてもろうとんねん。選挙は何回も出たけど、費用は全部自己負担やった。ポスター代や宣伝カーのガス代といった借金の返済が、やっと来年の3月ごろ終わるのよ。

現代ビジネス「「おカネまったくないねん…」井脇ノブ子が窮状を告白！」2017年11月27日

国会議員の歳費はどうあるべきか

国会議員の歳費の問題は、度々国会でも取り上げられていますが、令和2年には安倍晋三総理大臣がこのように答弁しています。

政治に要する費用の問題は、議会政治や議員活動のあり方、すなわち民主主義の根幹にかかわる重要な課題であることから、国会において国民の代表たる国会議員が真摯な議論を通じて合意を得る努力を重ねていかなければならない問題であると考えています。

令和2年4月27日　衆議院本会議　安倍晋三総理大臣

国民の代表たる国会議員がその歳費に見合った仕事をしているかどうかは、我々国民一人ひとりが監視していかなければいけない問題です。

第5章
選挙制度と国会

参議院の比例代表選挙って、人気投票？

こんな疑問に答えます
- かつての「全国区」と「比例区」は何が違うのか
- なぜ比例代表選挙は「人気投票」ではないのか
- 比例代表で当選する議員、しない議員の違い

国民の皆さんがどういう参議院を望んでおられるのか、参議院で論文を公募しまして、これは相当集まりました。拝見して感動したのは、皆さんまじめに書いてくれまして、いまのままの参議院では困るよということをおっしゃりたいのだろうなとつくづく思いました。

ただ、その意見の中を見ますと、十人が十人と言っていいほど口をそろえてこうした参議院がほしいと言っているのは、党議拘束の緩和、政党化ではなくて非政党化な

んです。

衆議院の場合にはこれは政党化はやむを得ないと思うんです。ところが、それに対してチェック機能の役割りを果たす場所にいる参議院が衆議院以上により完璧に政党化する形になる。拘束名簿式の場合になります。それが果たして国民が願っている方向なんだろうか。

栗林卓司参院議員
昭和56年3月27日　参議院公職選挙法改正に関する特別委員会

かつて、参議院には「全国区」と呼ばれる選挙区がありました。全国区が廃止され、比例代表制度が導入される際、冒頭紹介した質疑が行われました。

全国区は、日本全国が一つの選挙区である、いわば全国規模の人気投票で、著名人が多数出馬する選挙区としても有名でした。

現在の参議院比例代表制度にも、確かに人気投票という側面があることは否定できません。しかし、参議院における比例代表制は全国区とは全く違うものです。

非拘束名簿式とは？

参議院における比例代表制は、一般的に「比例区」と称されますが、あくまで比例代表制であり、選挙区とは別ものです。正式に言えば「非拘束名簿式比例代表制」です。

比例代表制とは、候補者個人ではなく政党に対して投票する制度です。しかし、実際に当選するのは個人であるため、政党ごとに「いくつ議席を獲得したら誰が当選するか」という「当選順位」を決める必要があります。

この当選順位を、「拘束」つまり、党が決めるのが「拘束名簿式」で、党ではなく、個人の得票で決めるのが「非拘束名簿式」です。

衆議院の事例

衆議院選挙では、拘束名簿式比例代表制を採用しています。例えば、2017年の衆議院選挙における比例東京ブロックの当選者を見てみましょう。

❖日本共産党の例❖

日本共産党は、全員比例代表の名簿順位が違うため、1位の笠井亮候補（比例単独）・

2位の宮本徹候補の2人が比例代表で当選しています。

❖自由民主党の例❖

自由民主党は、比例代表の名簿順位1位として当選したのが、越智隆雄候補・山田美樹候補・小田原潔候補・松本文明候補の4人で、名簿順位24位の安藤高夫候補・25位の高木啓候補の2人も合わせて当選しています。

自民党の名簿1位の4人はすべて小選挙区との重複立候補で、24位以降が小選挙区の選挙区がない、比例単独の候補です。同順位では当然全員同じ順位なので、比例で復活するのが誰か決められません。

ということで、ここで「惜敗率」という別の指標が出てきます。

惜敗率とは、小選挙区で当選しなかった候補の得票を、その選挙区の当選者の得票で割ったものです。

例えば50票差で黒岩宇洋候補に破れた2017年の斎藤洋明候補の惜敗率は【95594票÷95644票】で、99.94%（史上最高）でした。

2009年の渡辺喜美候補が当選した選挙区では、主要政党が対抗となる候補を擁立しなかったため、得票数2位の候補者である斎藤克巳候補の惜敗率は【70244票÷1424

82票】で惜敗率は4・93%でした。

このように、惜敗率は同一順位の際に当選するものを決める「党の中の仕組み」です。惜敗率が高いからと言って必ず比例で当選出来るわけではありません。

しかし、実質的には、拘束名簿式でありながら、個人への投票によって当選者が決まるという意味で、非拘束名簿式に近い運用がなされているとも言えます。

日本共産党のように、惜敗率に関係なく政党主導で順位を決める政党もあり、小選挙区に出馬できなかった議員をあえて比例代表で確実に当選する位置に置くなどの運用がなされていることもありますが、多くの政党は小選挙区の候補者を名簿順位1位にして、惜敗率によって当選候補を決めています。

参議院の非拘束名簿式と全国区との違い

参議院の非拘束名簿式とは、はじめからこの「名簿順位」がない状態だと考えていただけるとわかりやすいでしょう。または、全員が名簿1位である状態、とも言い換えられます。

衆議院選挙では惜敗率という指標がありましたが、参議院選挙では「個人名の投票」が当選順位を決める指標となります。

政党が獲得した議席数に合わせて、その中で個人名の得票が多かった順番に当選するのが、参議院の比例代表制です。

ただし、第25回参議院選挙より「特定枠」が設置されたため、一部が拘束名簿式、ということになります。

❖特定枠とは❖

参議院の「一票の格差」をめぐり、鳥取・島根、徳島・高知の二つの県をまたいだ合同選挙区が出来たことに合わせ、自民党内の要望で、合区で外れてしまう候補を救済するという意図のもと導入された選挙制度。

比例名簿の内最大2名を「特定枠」として指定することで、個人名の得票に関係なく優先して当選させることが出来る。


制度が改正される以前の参議院の全国区と比例代表制は、同じようでも全く違います。参議院の全国区はあくまで「大きい一つの選挙区」です。得票数の多い上から順番に当選します。

一方、参議院の比例区は「政党が獲得した議席数の中の順位を決める」ために、個人の得票数を数えているに過ぎません。

❖参議院全国区❖

１９４７年の参議院発足から１９８０年まで、参議院選挙で設けられていた選挙区。定数１００で全国どこからでも投票できる選挙区だった。広い選挙区であるため知名度が重要であるほか、選挙戦は金と体力が必要な過酷を極めるものとなった（はがき代だけでも、優に1億円がかかったと言われる）。

参議院全国区における第一回参議院選挙でのトップ当選者は、作家・星新一の父親である星製薬創業者の星一《ほしはじめ》候補です。

史上最多の得票者は石原慎太郎候補（元東京都知事・運輸大臣）で、全国で３００万票を獲得しました。

参議院全国区は全国的な知名度が必要な選挙区で、かつ政党に紐付いた比例代表制でなかったため、現在のように組織内議員がトップ当選することも少なく、多種多様な議員を輩出しました。

・タレント、歌手、後の東京都知事の青島幸男候補
・太平洋戦争での失策で悪評高い「作戦の神様」辻政信候補
・元３４３航空隊の隊長で航空幕僚長の源田実候補

・戦前から婦人参政権運動の中核として活動した市川房枝候補
・落語家、タレントで立川流家元の立川談志候補

これらの候補は政党の支援ではなく個人の知名度で当選していたため、政党にしばられることもなく、当選後も無所属として自由に活動する議員が少なくありませんでした。全国区当選議員の自由な気風は参院の独自性に大きな影響を与えました。

初の車椅子の議員、八代英太議員

一例として、八代英太（前島英三郎）議員を紹介します。八代議員はラジオ山梨に入社。アナウンサーとして人気をはせるものの、歌謡ショーの司会をしているときに舞台から転落。下半身不随となり、車椅子生活となりました。

その後、参議院全国区より出馬し初当選。当初無所属だったものの、後に自由民主党に入党。参議院議員を3期、後に衆議院に転身し3期務めるなど、28年間を国会議員として過ごしました。

日本のいろいろな行政面を見たときに、余りにもいまのこの日本というものは、福

祉福祉ということは叫ばれているけれども、すべてが健康な人たちを中心に社会構造がなされているんじゃないか。
私も国会へ入って初めて車いすが入ったということで、私の通るところに階段昇降機が二基、車いすのトイレも本会議場の二階に一つ、この委員会室のこちらに一つ、それから議員会館に一つというまあ三つ、スロープも二つぐらい、私の通るところが非常にいやみったらしくつくられているというような現状を見ましても、ぼくはこれからの公共物というものが、やっぱり法のもとにすべての人が平等であるならば、歩ける人、歩けない人とか、あるいは目の見えない人たちに、すべての人のことを配慮して、すべての公共物並びにそれに準ずる公共物というものがつくられていかなければいけないんじゃないか。この国会議事堂一つを見てもわかるように、全くすべてがそういうハンディキャップを背負った人たちのことが配慮されていない。

八代英太（前島英三郎）参議院議員
昭和52年10月27日　参議院地方行政委員会

八代英太議員が国政に進出することにより、政治分野でもバリアフリーの考え方が浸透したと言われます。

八代議員の政界引退後、参議院議員で、岩手県選出の横澤高徳議員が２０１９年に初当選。19年ぶりに本会議で車椅子の議員が登壇しました。

参議院比例区の意義

全国区と違い、参議院における比例代表制は個人名の投票がゼロでも理論上当選が可能です。一方、個人名の投票でトップでも、落選する可能性はあります。

実際に、第25回参議院選挙では、公明党の塩田博昭候補は１５１７８票の個人票で当選し、れいわ新選組の山本太郎候補は（特定枠で2名の候補が当選した後ですが）９９１７５６票の個人票を集めたにもかかわらず、落選しました。

これを見れば分かる通り、参議院の比例代表制は人気投票ではなく、あくまで政党主導の選挙制度です。

個人名の得票も政党の得票として扱われるため「政党が、個人の力を政党の得票につなげようとする」制度であると言えるでしょう。

アイヌ初の国会議員、萱野茂議員

比例代表制によって当選した議員の一例を紹介します。

萱野茂議員は、1998年まで参議院議員を一期務めました。アイヌ文化の振興者としてアイヌ語の文献などを収集し、国会議員に転身。アイヌ初の国会議員として、アイヌ文化振興法の成立に尽力。アイヌ語で初めての国会質疑を行いました。

イタップリカ　ソモネコロカ　シサムモシリモシリソカワ　チヌムケニシパ　チヌムケ　カッケマク　ウタペラリワ　オカウシケタ　クニネネワ　アイヌイタッアニクイタッルウェ　ネワネヤクン　ラモッジワノ　クヤイライケプ　ネルウェクパンナ。

（中略）

日本の国土、国土の上から選び抜かれてこられた紳士の皆様、淑女の皆様が肩を接しておられる中で、成り行きに従いアイヌ語でしゃべらせてもらえることに心から感謝を申し上げるものであります。

私は、アイヌの国、北海道沙流川のほとり、二風谷に生をうけた萱野茂というアイヌです。意気地のない者、至らない者、私なので、昔のアイヌのようにアイヌの言葉を上手には言えないけれども、きょうのこの日は、日本の国の国会議員の諸先生方がおられるところに、アイヌ語というものはどのようなものか、どのような言い方をするものかお聞き願いたいと私は考え、アイヌ語を私はここで言わせていただいたのであります。

少しですので、私のアイヌ語にお耳を傾けてくださいますようお願い申し上げる次第です。（中略）

冒頭に申し上げました私の言葉、皆さんは私が通訳をしなければどこの言葉がおわかりでなかったでしょう。これは決して日本のある地方の方言ではありません。アイヌ語です。アイヌ語は言語的には日本語とは全く違う言葉であります。アイヌは日本人とは異なる文化、言語のもとで生きてきたことをわかっていただけたかなと思っております。今、アイヌ語を完全に話せる人は本当に少なくなりました。それは長いことアイヌにとってはアイヌ語を使うこと自体が差別にさらされることであったがために、だれもアイヌ語を使わなくなった結果であります。

萱野茂参院議員

平成6年11月24日　参議院内閣委員会

かつて、アイヌ関連法案として「北海道旧土人保護法」という法律があり、アイヌは「土人」、つまり、本土の人間より一段下としてみなされていた経緯があります。

萱野茂議員はこの土人保護法を廃止し、新しいアイヌ文化振興法を成立させることを公約に立候補し、１９９８年に、宣言通り法律の成立を見届け、１期で引退。引退に際して、「人は足元が暗くなる前に故郷へ帰るものだ」という言葉を残しました。

このように、マイノリティの政治進出において、小選挙区制や大選挙区制に比べ、参議院の比例代表制は大きな役割を果たしてきたのです。

人から党へ

参議院の全国区から比例代表制への変更、そして特定枠の設置という流れは、歴史的に見れば緑風会のような「衆議院の政党政治と関係のない、参議院の独自性を」という流れが消えていった過程と無縁ではありません。

比例代表制の導入の際には、冒頭のように「参議院は政党政治ではなく、党より人の選挙であってほしい」という声も多数あり、その結果投票率の低下が見られたことも事実です。

他方、全国を一つの選挙区とする「人気投票」は候補者に金銭的・体力的に大きな負担をかけるものであったことも事実です（現在の参議院比例代表制も負担の点では大きいものがあります）。

参議院における比例代表制の仕組みを理解すれば、これが単なる人気投票ではなく、また個人票を多く獲得した議員であっても、あくまで「政党の代表として」当選していることがご理解いただけるのではないでしょうか。

そして、比例代表制が本来、党が主導して様々な国民の声を取り入れることが出来る制度であることを考えれば、より積極的にジェンダーバランスを改善したり、小選挙区では拾いきれない声を拾うことが求められています。

小選挙区制と中選挙区制、どちらがいい？

こんな疑問に答えます

- なぜ中選挙区は変わったのか
- 中選挙区制の問題点とは
- 二択ではない、新しい選挙制度

今の先生の分類につきましては、私どもといたしましては小選挙区と大選挙区、一選挙区一人の小選挙区、それから二人区以上は大選挙区というふうに解釈するのが学説上相当だと思いますが、我が国におきましてはたしか県単位、県を一つの選挙区としてやった例があると、そのときにそれを大選挙区とした、呼んだ。

そしてその後、今のような選挙制度になりまして、そしてそれをそれと区別するために中選挙区制という呼び方をしたのだというふうに理解しておりますけれども、いずれにいたしましても、御指摘のようにこの今のいわゆる中選挙区制度が長い間施行されてきた。

そして、そういう事実の中で国民の間にも選挙制度としてはなじんでおる、そういうことは事実として御指摘のとおりだと思います。

小沢一郎国家公安委員長

昭和61年3月5日　参議院決算委員会

小選挙区制度は１９９６年の衆院選より導入された制度で、一つの選挙区で一人の候補者が当選する選挙制度です（日本ではここに比例代表制が組み込まれ「小選挙区比例代表並立制」を採用しています）。

小選挙区制導入以前の衆議院の選挙制度は「中選挙区制」と呼ばれていますが、冒頭、小沢議員が述べている通り、これは日本独自の呼称であり、一つの選挙区で二人以上の当選者が出る場合「大選挙区制」が正しい呼称となります。

小選挙区制の導入は、日本政治にとっては大きな転換点であり、下記の亀井静香氏の発言に見られるように、小選挙区制によって日本政治が劣化したと発言する識者・政治家も多くいます。

亀井　日本は小選挙区制になじむはずがない。

田代　なぜですか。

亀井　小選挙区制は中選挙区制と違い候補者が一人だから、同じ自民党候補であっても、この人は良い、この人は悪いという選択ができない。だから出てくるのは、二世、三世で金太郎飴みたいになる。野党も同じことが起きていて、連合とか大組織をバックにした人たちが当選する。

JAcom「農業は日本文化の根幹」２０１６年８月２日

小選挙区制導入の経緯

導入の立役者の一人である小沢一郎衆院議員は、度々「政権交代を起こすために」小選挙区制を導入したと述べています。

導入の経緯を考えてみましょう。リクルート事件などの影響で自民党執行部の求心力が弱まると、小沢一郎議員、羽田孜議員、武村正義議員など自民党を離党した議員が新生党や、新党さきがけなどを結成。

更に、日本新党が1993年の総選挙で躍進すると、細川護熙議員を首相とする非自民・非共産の連立内閣が成立します。

野党自民党が議席数で見れば第一党で、かつ野党第一党である社会党から首相が出ない（直前の選挙で社会党が「一人負け」したこともあり）というガラス細工のような連立政権ではありましたが、このことが結果的に、日本政治にとっては大きな転換点となりました。

小選挙区制度は一般的に大きな政党にとって有利に働く選挙制度です。当選が一人であるため、基本的に有力候補は二人か三人に絞られます。小政党はなかなか候補を立てることが難しい（連立以降、自民党と公明党が選挙区で一体化していること、2014年以降、共産党を含めた非自民政党間で選挙協力が進んでいることからもわかります）のです。

他方、比例代表制は死票が少なく、候補を絞り込む必要がないため、小選挙区制に比べて小政党に有利です。

例えば、日本共産党は小選挙区制導入以降1996年の高知1区・京都3区以来、2014年の沖縄1区での当選まで、長年小選挙区の当選はありませんでした。

しかし、比例代表では一定の得票を得ており、比例代表をベースにした選挙制度であれば、議席数は増えているでしょう。同じ得票であっても、選挙制度によって議席が変わる好例と言えます。

当初、小政党の連立内閣であった細川内閣は比例と小選挙区が同数となる原案を提出しましたが、与野党の議席差が少ない中、自民党の激しい抵抗にもあい、最終的には小選挙区が比例代表を100議席上回る「小選挙区300・比例200」で可決されました。

導入当初は様々な混乱もありましたが、それ以降、細かい修正が加えられながら、小選挙区制度は日本で定着していると言えます。

「地滑り的勝利」と「振り子現象」

小選挙区制は地滑り的勝利が起こりやすい選挙制度、と言われます。その特色が大きく出たのが、2005年の「郵政解散」選挙、2009年の「政権交代」選挙、2012年の「政権奪還」選挙でしょう。

これらの選挙では、300議席近い、または超える議席を第一党が獲得し、その後世論をバックに大胆な政権運営を行う原動力となりました。

小選挙区制は前述の通り一つの選挙区で一人の当選者が出る選挙制度ですが、その仕組み上、他の選挙制度に比べて多くの死票が出ます。逆に言えば、「勝者がより強く勝つ」制度です。

事実、ご紹介した3回のそれぞれの選挙においては、多数派政党は50%に満たない総得票数で、3分の2近い議席を獲得しています。

小さな世論の差が大きな議席の差になりやすい。それが小選挙区制の特徴であると言えるでしょう。

2005年の自民党、2009年の民主党、2012年の自民党と、三度の選挙でそれぞれ第一党が変わる「振り子現象」も起こるなど、中選挙区制度と比べて政権交代が起きやすいのも事実です。

他方、2012年の総選挙で54議席という野党第一党としては致命的な少数まで追い込まれた民主党は、その後政界再編の波に巻き込まれるとともに迷走し、民進党への解消や分裂などを経て、2020年の(旧)国民民主党の消滅により、歴史に幕を閉じました。

このようなケースは海外でも存在します。

1993年のカナダ総選挙において、第一党であったカナダ進歩保守党は155議席中1

53議席を失うという致命的大敗を喫し、獲得はわずか2議席となり、他政党との合併などを経て「カナダ保守党」への解消を余儀なくされました。

地方まで含めて組織を持つ「強い政党」は、一度や二度の敗北では組織が崩れませんが、新興政党、とりわけ歴史的に組織が弱い党は、一度大敗してしまえばその痛手を回復するのに長い年月がかかります。

つまり、同じ「振り子」であっても、その振り子の揺り戻しのきつさは、政党の体力によって変わるのです。この点は、歴史的に二大政党がそれぞれ全国的に強い組織を持ったイギリスやアメリカなどと日本では、大きく状況が違います。

中選挙区制の問題点とは

そもそも、中選挙区制には一体どのような問題点があったのでしょうか？　中選挙区制には下記二つの特徴があります。

・一つの政党でも当選者が分かれるため、激しい争いが起こる（自民党内）

・結果、政党の力よりも、政治家個人の集票力が重要になるこのように激しい闘いが自民党において起こった結果、トップ当選する候補者が毎回変わり、当選者のうち8割しか再選しない激しい選挙戦が繰り広げられることになりました。また、多くの選挙区では自民党の議員同士で戦うため、それぞれの候補者は派閥に入り、また地方議員を「子飼い」にして激しく争うことで、党の政策ではなく個人の能力や影響力が重要視されることになり、「マニフェストによる政権政党を選ぶ選挙」ではなく「候補者個人を選ぶ選挙」となる傾向にありました。

実は、「中選挙区制＝一つの選挙区で複数の当選者を出す選挙」は日本からなくなったわけではありません。参議院の選挙区は複数当選ですし、都道府県議会の選挙もまた定数が選挙区によって決まっており、一人区以外はすべて複数当選です。

実際に、参議院選挙においてはかつての中選挙区制と同じような激しい党内の争いが繰り広げられるケースがあります。大きく波紋を呼んだのが、２０１９年の参議院選挙における広島選挙区（定数２）です。

この選挙においては、自民党に所属する候補二人が激しい選挙戦を繰り広げましたが、結果は新人自民党候補である河井案里氏と野党系無所属候補が当選、現職であった自民党候補が落選する結果となりました。

しかし、当選後、河井氏の選挙において様々な買収工作が行われてきたことが明らかになり、夫である河井克行元法務大臣とともに、公職選挙法違反で有罪となる異例の事態になりました。

もちろん、中選挙区制があるからすぐに買収や不正が起こる、という議論にはなりません。しかし、中選挙区制は党内の争いが激しくなるために「金権政治」の温床となるという批判が政治改革の時期になされ、小選挙区制導入の一因となったのも事実です。

諸外国の制度

選挙制度は様々であり、小選挙区か中選挙区か、という二者択一の議論は正しくありません。

❖単記移譲式❖

オーストラリア（上院）、アイルランド（下院）などで採用されている方式。1番めに投票したい候補、2番めに投票したい候補、など順番を付けて投票することで、当選ライン以上の票を獲得した人がいた場合、余った票を次の候補に回していくことで、有権者の「好み」を、一人の候補への投票以外の方法で判断する。

❖小選挙区比例代表併用制❖

ドイツ（下院）・ニュージーランドなどで採用されている方式。

日本で採用される小選挙区比例代表並立制と似ているが、違う方式。まず、併用制においては、議席数は基本的に比例代表制度によって決められるため、より比例に近い制度と言える。

比例代表で獲得した議席数の中で、党内で誰が当選するかを、まず小選挙区で勝った候補に振り分け、その上で政党が提出した名簿に沿って当選者を決める。

日本の仕組み（並立制）では小選挙区で勝つかどうかが重要であるが、併用制では小選挙区で勝つかどうかはそこまで重要視されない。

そのため、ドイツでは、有力な政治家が小選挙区で長年勝っていない、というケースも多い。

❖二回投票制❖

フランス（下院・大統領選）などで用いられている。

どの候補者も一定のライン（過半数など）を超える投票を得られなかった場合、上位の候補（通常、二人など）のみを残して決選投票を行う方式。

利点として、一回目の投票で当選可能性が明らかになり、得票数も明確になるため、いわゆる候補者の一本化が容易に行える点が挙げられる。

決戦に進まなかった候補の主張を取り込むことで、様々な有権者の求める政策を実現することも可能になる。

小選挙区比例代表並立制

かつての中選挙区制、そして諸外国の様々な選挙制度を見てきました。その上で、現在の日本の選挙制度はどのような位置にあるのでしょうか。

まず、日本の衆議院における選挙制度は、前述の経緯により基本的には小選挙区制を中心としながら、一定程度比例代表制度を取り入れている、という複雑な仕組みになっています。

この制度下では、たとえ「振り子現象」によって小選挙区で落選しても、有力候補は「比例復活」という形で救済される措置が執られるため、もともとの固定票が一定程度ある候補は、落選の可能性が低い設計になっています。

つまり、政党の有利不利とは別に、強固な地盤がある議員や政治キャリアの長い議員にとっては有利な設計になっているのが実情です。

また、小選挙区で勝ち抜くことは純粋に議席増につながるため、俗に小選挙区で勝つことを「金バッジ」、比例復活することを「銀バッジ」と呼ぶなど、比例代表が一段低い位置に置かれているのは、日本の制度の課題でしょう。

このような現状では、比例代表において大胆なジェンダー平等を実現するなど、党が主導して政治構造を変えることが難しく、あくまで地域での評価や人脈を前提に候補者選定を行わざるを得ません。

また、小選挙区に候補者を立てている政党は、その小選挙区の比例代表においても票の積み増しが見込めるため、小選挙区で多くの候補者を立てている政党が、結果的には比例代表でも議席を伸ばす傾向にあるため、比例を中心とした政党にとって不利であるという事実も見逃せません。

良い選挙制度とは

完璧な議会制度が存在しないように、完璧な選挙制度も存在しません。「民意が反映される選挙制度」が良いと言っても、「民意が反映される選挙制度」は「良い選挙制度」とトートロジーです。

しかし、一般論として言えば「死票が少ない」ことが概ね良い選挙制度と言えるのではないでしょうか。

その意味では、単に候補者に投票する単純小選挙区制よりも、政党のマニフェストなどに基づいて投票できる比例代表制を中心とする制度のほうが「より良い」制度と言えるかもしれません。

また、比例代表を中心とする制度は、制度上は政党が主になることで、個人の選挙区とのつながりよりも政策を重視した投票行動となる、という副産物も期待できます。

ともあれ、イギリスの単純小選挙区制が二大政党制と深く結びついているように、選挙制度はその国の歴史の中で成り立っており、単に制度だけを移植しても同じ結果が期待できるわけではありません。

どの制度にも一長一短がありますが、「中選挙区」と「小選挙区」という二者択一ではなく、様々な選挙制度を知った上で比較検討することが、選挙制度を語る上では重要になります。

なぜ、日本の国会には世襲議員が多いの？

こんな疑問に答えます
・世襲議員が有利な理由とは

・選挙制度と世襲議員の関係性
・総理の解散権は必要か

世襲の話ですけれども、政治家の親族だからということで議員の席が当然のごとく譲り受けられるというのは、これは問題だというのは正しいと思いますね。

他方、国民にとって有為な人材というものが政治家の親族だからということで国民を代表することができなくなるというのもこれまた問題なんだと思っております。

したがって、法律などによって立候補を制限するということについては、これは憲法上の問題、被選挙権の問題とか、何だろうな、職業選択の自由とかいろいろあるんだろうと思いますので、これは慎重な検討が必要なんだと思っております。

麻生太郎内閣総理大臣
平成21年5月20日　参議院予算委員会

日本の世襲議員の割合が高いことは多くの人がご存知でしょう。世襲議員は、選挙に必要な、カンバン（知名度）・カバン（お金）・地盤の三つ、いわゆる「3バン」があると言われています。

後継候補として知名度を引き継ぐこと、選挙資金を資産管理団体などを通じて継承できること、そして親の持つ人脈をフル活用できること。この三つは選挙に大きく影響します。日本の政界にとって、血の繋がりとは、単にこれらの資産を受け継ぐことだけではありません。それ以上の意味があります。

ときには、婿養子として政治家の娘と結婚した候補者が「名字」を継いで、後継候補として出馬することもありますし、祖父の養子になってまであえて名字を継ぐケースもあります。それほどまでに、「名字」は大きいのです。

しかし、少し考え方を変えてみましょう。これは世襲議員が「有利」だという理由にはなりますが、「世襲議員以外が」立候補しない理由にはなりません。日本はなぜ、世襲議員以外が立候補しづらい構造なのでしょうか。

事前運動の禁止

事前運動とは

公職選挙法において、選挙運動は「公示日から投票日の前日まで」と定められています。これ以外の期間に行われるものは「事前運動」として厳しく規制されます。

世襲議員以外の立候補を阻む一つの壁は「事前運動の禁止」です。日本の「選挙運動」は「選挙期間」に限られており、それ以外の期間において「選挙運動」を行うことはできません。

もちろん、政治家は度々選挙運動以外の期間に演説や集会を行います。これらは「政治活動」です。日本には表現の自由があるため、政治活動は自由に行えます。

政治活動と選挙運動は何が違うのでしょうか？　公職選挙法にはこのように定義されています。

❖選挙運動❖

特定の選挙で、特定の候補者（政党）の投票を得または得させるために、直接・間接を問わず選挙人にはたらきかける行為。

❖政治活動❖

政治活動のうち、選挙運動にあたる行為を除いた一切の活動。

政治活動では、選挙運動で出来ることで、許されていないことがあります。候補者名を掲げたタスキは掛けられませんし「投票してください」ということも言えません。

しかし、実態として「選挙運動」に明確な定義がないため、この二つに明確な線引きがないのも事実です。

政治活動という観点から政治家について考えてみましょう。現職の政治家は、政治活動を行うことは簡単です。政治家は政治活動をするのが仕事です。ですが、政治家ではない候補者の政治活動はどうでしょうか。

候補者、というのはあくまで、選挙が始まってから候補者となります。ですから、候補者という肩書は、選挙期間中しか使うことができません。

主要政党の候補者は一般的に、政党の「総支部長」という肩書や、「政策委員・幹事」という肩書で政治活動を行いつつ、実質的な選挙に向けた準備を行います。総支部長は実質的な候補者ですが、党に所属し、党の政治活動であるという建前で、実質的な選挙活動（事前運動）を行うことになります。

知事・市長選挙の場合や地方選挙の場合、政党に所属せず無所属で出馬することが多く、「政党の活動としての政治活動」という建前で事前運動することが難しくなるため、こういった選挙で無所属で出馬する新人候補は、より厳しいハードルを課されます。

このように、日本の選挙は現職のほうが自由に活動できる仕組みになっており、候補者にとっては様々な「本音と建前」を使い分けなければいけない、複雑なものです。

これが日本の「現職優位」の構造を作っている一因になっていることは、否定できないのではないでしょうか。

政治家はいつ辞める？

世襲議員は現職の議員と歩調を合わせ政界入りすることが出来ます。現職の議員が「引退」するときに合わせて、後継候補としてそれまでのキャリアを辞めるか、引退が濃厚になったときから「修行」として親の事務所の秘書として雇用されることが多くあります。準備が十分でなくても、地盤を継承し選挙資金を受け継げば、十分に戦うことが出来るのです。また、現職議員が死亡した「弔い選挙」であれば、有権者の同情を買い、圧勝することもあります。

「家業」としてよく知っている子供に地盤を譲り、自分自身も「先代」として一定の影響力を持つほうが、お互いにとっていい。そう考えるのは人情でしょう。

現職の後継となる候補はもちろん、世襲議員だけではありません。しかし、圧倒的に世襲議員のほうがスムーズに後継候補となれるのが実情です。

解散権の濫用

政治の世界に関係のない、一般の人間が立候補する際には、目に見えない高いハードルがありますが、更に衆議院では解散があることが、これに拍車をかけています。

政治家が辞めるタイミングはなかなか読めないものであり、ましてや衆院議員となれば、「次の選挙に辞める」と思っていても「次の選挙」がいつかはわからないのが現実です。「1カ月後に選挙だ、会社を辞めて当選するかわからない選挙に出てくれ」と言われて受けてくれる人は多くありません。

衆議院における解散総選挙という制度も、現職ではない候補者が立候補することに高いハードルを課していることがわかっていただけたと思います。

では、解散とは何でしょうか。審議拒否を含め、議事妨害によって国会が停滞したときに、その停滞を突破する手段として出てくるのが「解散」です。

現在、通例として運用されている解散には次の二つがあります。

❖69条解散❖

憲法69条の「内閣は、衆議院で不信任の決議案を可決し、又は信任の決議案を否決したときは、十日以内に衆議院が解散されない限り、総辞職をしなければならない」の条文に基づき、不信任が可決された際に解散すること。

現行憲法下では4回（吉田茂内閣で2回、大平正芳内閣と宮沢喜一内閣）行われており、憲法上明確に定義され、保障されている。

❖7条解散❖

憲法7条の「内閣の助言と承認に基づき」「衆議院を解散する」との文言に基づき、内閣が実質的な決定権を持って解散を行うこと。

解散が国事行為であることから、内閣の自由裁量で解散が出来る、というのが通説になっているが、合憲性については一定の議論がある。

日本では「解散」というと、内閣総理大臣の専権事項として扱われることが多いですが、内閣の自由裁量で解散が出来る「7条解散」は合憲性を巡って常に議論の対象になっています。

第1章で述べた通り、議会制民主主義とは、絶対君主制から立法を切り離すことによって権力を分離したものです。君主と議会が対立した際に君主に対してその対立を解消する手段を与えることで、行政が停滞することを避けてきました。

しかし、議院内閣制が発達するのに従い、欧州諸国を中心に解散権を制限しようとする試みがあります。

例えば、イギリスでは議会任期固定化法案を成立させ、議会の圧倒的多数の賛成がない限り、与党が勝手に解散することは出来ないようになりました。

❖議会任期固定化法案（Fixed-term Parliaments Act）❖

2010年、保守党と自由民主党が連立合意の条件として設定した法案。議会の3分の2の同意によってのみ解散が可能となる法案。

しかし、その後イギリスはBrexit（欧州連合からの離脱）を巡って混乱し、テリーザ・メイ政権、ボリス・ジョンソン政権の2回解散が行われた。

2019年の選挙で政権与党の保守党は本法案の廃止を公約として掲げるなど、今なお制度の存廃は揺れている。

北欧諸国では比較的解散に抑制的な議会が多く、ノルウェーには議会解散権がない、スウェーデンは2014年の解散が50年ぶりの解散総選挙となるなど、ハードルが高いものとなっています。

世襲制限は必要か？

イギリスにおいては、選挙区と候補者の強い結びつきはなく、候補者を頻繁に変えたり、党本部が当選させたい候補を、その党が強い選挙区に送り込むなど、党が主動で選挙戦を行います。

ん。

そのため、いわゆる世襲議員はいますが、選挙区が同一である世襲議員はほとんどいません。

ましてや、比例が中心になる選挙制度のドイツなどでは、世襲であっても特別当選しやすいということはなく、また比例選出だからといって党内の地位が下がることもないのです。

日本の小選挙区比例代表並立制の導入は、本来「人物本位」で政党のマニフェスト・公約が後回しになりやすい選挙制度から、「政策本位」の選挙へ転換を図ったものでした。

世襲議員が悪だとは言いません。世襲議員に優秀な方や、政治への使命感が強い方が多いことも事実です。

しかし、生まれながらにして当選のしやすさに差がついてしまうとすれば、それは立候補の自由、生まれながらの平等を保証した日本国憲法の趣旨にもそぐいません。

政治改革・選挙制度改革の趣旨に立ち戻り、より「政策本位」の選挙を実現するため、比例機能を強化するなどの改革が必要な時期に来ているのではないでしょうか。

第6章

ジェンダーと国会

日本には、なぜ女性議員が少ないの？

こんな疑問に答えます
- 女性議員が直面する不利益とは
- 世襲議員が多いと、女性議員が減る理由
- 比例を活用すれば女性議員は増えるのか

この章では「日本には、なぜ女性議員が少ないのか？」というテーマについて取り上げます。

日本は未だに衆院議員は9・9％で、世界166位と、世界で最も女性割合が低い下院の一つとなっています。

また、クオーター制など罰則付きの積極的な性差の是正のための法制もなく、政治分野における男女平等は達成されていると言い難いのが現状です。

なぜ、日本には女性議員が少ないのでしょうか。いや、あえてこう書くほうがいいかもしれません。なぜ日本は女性議員を増やそうとしていないのでしょうか?

昨年、私たちの同志である宮川典子さんが、40歳の若さで亡くなりました。彼女は自身が病魔に侵されていることを一切公表せず、2018年、「政治分野における男女共同参画推進法」成立に最後まで力を尽くしてくださいました。

残念ながら、今日、彼女の期待した成果にはまだ至っておりません。これから政治分野における多様性の確保の為、私たちは女性候補者の発掘に一層努力し、女性が政治にもっと関わる取り組みを進め支援していきます。

行政府にあっても、法務省法制審議会は1996年、選択的夫婦別姓制度導入を答申しました。内閣府・男女共同参画推進本部は、「2020 30」を目標にしています。内部から組織を改革していく必要もあると考えますが、女性活躍に関する基本方針について、総理のお考えをお伺いします。

野田聖子衆院議員

令和2年10月28日　衆議院本会議　代表質問

13年ぶりの自民党・女性代議士

野田聖子衆院議員の臨時国会における代表質問を取り上げました。

保守政党である自民党から「選択的夫婦別姓」が代表質問で取り上げられたことは画期的であり、与野党かかわらずすべての政党の指導的地位に女性がつくことの意義を改めて感じさせる質問であったのではないか、と思われます。

しかし、残念ながら野田聖子議員のように、指導的地位につく女性議員は少なく、保守政党では更に少なくなるのが実情です。

野田聖子議員は、総務大臣、予算委員長などを歴任し、総理総裁候補にも数えられる議員ですが、実は「自民党における13年ぶりの女性代議士」でもありました。

１９８０年から１９９３年までの実に13年間、自民党には女性の衆院議員がいなかったのです。

２０１８年、政治分野における男女共同参画の推進に関する法律が成立しましたが、これには残念ながら罰則や義務規定がなく、努力規定になっています。

政治分野における男女共同参画の推進に関する法律　第一条

政治分野における男女共同参画を効果的かつ積極的に推進し、もって男女が共同し

て参画する民主政治の発展に寄与する。

このような現状はなぜ始まり、そしてどのように固定化していったのでしょうか。

「初めての女性議員」のその後

大日本帝国憲法において、選挙権は男性にしかありませんでした。当然、被選挙権も同じであり、女性の政治家は存在しなかったのです。

これに抗ったのが、市川房枝さんや平塚らいてうさん、後に参院議員として3期務めた奥むめおさんなどが進めた「婦人選挙運動」です。

治安警察法第五条（女性の政治結社への加入・政治演説の禁止）改正などの成果を残すものの、戦前は男女平等の選挙には至りませんでした。

敗戦後、ようやく女性も含めた普通選挙が認められ、女性も立候補できるようになりました。

1946年4月10日の衆議院選挙では初めての女性議員が39人誕生しました。残念ながら、この39人の多くは一期で落選し、この記録はなんと、その後60年近くも破られず、女性議員の数が39人を上回ることは2005年までなかったのです。

しかし、

・二人目の女性大臣として科学技術庁長官を務めた近藤鶴代議員
・日本社会党で当選6期を数えた松尾トシ子議員
・現職国会議員として初めての出産を経験した園田天光光議員

など、日本政治の歴史に大きな足跡を残した代議士も輩出しています。

なぜ女性議員が少ないのか？

表題の質問に戻りましょう。そもそも、なぜ女性議員が少ないのでしょうか。
女性議員が少ないのは、大まかに二つの理由があります。

・男性の方が立候補しやすいから
・男性の方が当選しやすいから

この二つは、残念ながら事実であると言ってもいいでしょう。

女性より、男性の方が立候補しやすい

政党幹部が女性議員を増やしたくない、と思っているわけではないでしょう。しかし、議席を減らしてまで女性議員を擁立すべきだ、と思っている政党幹部は少ないのではないでしょうか。

残念ながら、都市部と地方において、性差別に対する考え方、ジェンダーギャップの解消に対する意欲は、大きな差があります。

東京の所得の高い地域であれば、地域の中で自ら手を上げた人がたまたま女性である、ということはありうるかもしれません。

しかし、地方に行けば行くほど、「たまたま手を上げた人が女性である」ということは、なかなか起こりません。

地方には若い世代が少ない上、年代が上がれば上がるほど、女性の就業率も低いため、政治家になってくれそうな「社会的地位の高い年配の女性」も少ないのです（社会的地位が高くなければ立候補してはいけない、ということではありません）。

そして、小さな単位の選挙であればあるほど、地域の中の濃密なコミュニティで推されなくては、立候補すら出来ません。

参議院議員は22・9％が女性ですが（2020年現在）、衆議院議員は9・9％。地方自治

体の長となると更に減り、女性知事は４・３％、政令指定都市市長は10％、市区町村長になると、わずか１・９％。

１７２１の市区町村がありながら、女性のトップはわずかに32人しかいないのです。

女性より男性の方が、当選しやすい

近年の自民党内閣においては、概ね5割以上の閣僚が世襲議員で占められてきました。なぜ世襲議員が閣僚になりやすいのでしょうか。選挙が安定するため、当選回数が増え、当選回数主義の政党においては出世しやすいからです。

「世襲」制度は、家督や家制度、家父長制の影響を色濃く残しています。つまり、基本的に家を継ぐのは息子であり、男性です。

また、「名前を継ぐ」ことが重要であるため、そもそも女性が名前を変えることが一般的とされている日本で、女性が名前を継ぐことのハードルは低くありません。

山内康一衆院議員は自身のブログ（２０１９年7月9日）でこう述べています。

かつて知り合いの政治評論家が「自民党では総理の息子・娘は3階級特進、大臣の

息子・娘は2階級特進」と言っていました。永田町では当選回数が重要です。当選1回では無役で、当選2回で大臣政務官、当選3回で副大臣や部会長、当選4回で常任委員長、当選5回から大臣適齢期といった相場観があります。「総理の息子・娘は3階級特進」というのは、総理の子どもだと当選回数プラス3回分の特別扱いされるという意味です。

世襲議員は必然的に男性が多くなり、男性は当選しやすい。更に世襲議員は優遇されるため、出世しやすい、ということになります。

枝野幸男衆院議員は、ロイターのインタビュー（「女性が輝く」国会なるか、参院選候補者の割合は過去最高／2019年7月16日）でこのように述べています。

女性が選挙に出た時に、夫が自分の仕事との兼ね合いで妻の選挙を手伝えないなどの障害があり、女性のほうがハードルが高い。まして子育て世代だと、育児の負担を多く担っているため、コストが大きいことは間違いない。

残念ながら、日本の選挙は「家族ぐるみ」であり、政策を訴えることよりも地域をまわり、一人でも多くの有権者に名前を売るなど、時間的拘束も多いのが現実です。

世襲議員であれば、そのときに「家業」として専念しやすく、また政治家の家系であれば家族全員がサポートしやすいのです。

「当選しやすい女性」とは何か

冒頭、野田聖子議員の発言を紹介しましたが、野田議員は祖父の養子となることで野田姓を継いだ世襲候補です。

野田議員の同期当選には、田中真紀子議員（後に自民党が追加公認）、高市早苗議員（無所属）、小池百合子議員（日本新党）などがいました。

野田議員と田中議員は、ともに世襲候補であり、高市議員、小池議員はともにテレビのキャスターでした。

「当選しやすい」「立候補しやすい」女性議員というのは、二つのパターンに分けられます。一つは知名度がもともと高い女性。もう一つは、世襲議員です。

女性が少ない内閣に「華がない」と言う社説がついたり、初当選した議員を「○○ガールズ」と表現する新聞社があったりすることからも、与野党問わず、女性が政治の世界において飛び道具、壁の花として扱われてきたことは、否定できません。

女性議員に責任は一切ありません。そして、あえて言うならば「当選しやすい候補」を選ぶというのは、政党にとっても有権者の付託に応えるための一つの責務であり、地域の中で推される候補を選ぶことは、全てが否定されるものではないのです。

女性議員を増やすなら、出来ること

ボトムアップで女性議員を増やすのは、非常にハードルが高いのが現実です。この風土を変えるには国・政党がトップダウンで決めるしかありません。

例えば、メキシコの例を考えてみます。１９９０年代後半まで、メキシコの女性議員割合は10％台でした。

しかし、そこから次の四つの政策を実現し、２０２０年の女性議員割合は48・２％。ほぼ男女同数を実現しているのです。

❖法的候補者クオータ制の義務化と段階的な引上げ❖

２００２年に女性候補者30％クオータが義務化された後、40％（２００８年）、50％（２０１４年）と比率が段階的に引き上げられた。

❖政党助成金❖

政党助成金の3%を女性の能力強化に充てる。使途については国家選挙管理機構が監査を行い、不適切に使用された金額の150%を罰金として徴収する。

❖ジェンダー平等委員会の設置❖

上院と下院にそれぞれジェンダーや女児・女性にかかわる法案を協議する「ジェンダー平等委員会」を設置。委員は上院約15人、下院約30人でほぼ全員女性。ジェンダー平等を啓発するイベントやシンポジウムも実施。

❖選挙裁判所による積極的な司法判断❖

クオータが確実に守られるよう、抜け道を利用してクオータを守らない政党には違法判決を下すなど、女性の政治参画を推進するための司法判断を積極的に行ってきた。クオータ免除の例外を認めない2011年判決を通じて、2014年憲法改正によるパリテ実現への道を開く。

このような制度実現のためにも、まず政党が女性議員を増やす必要があります。

例えば、小泉純一郎総理大臣が、2005年のいわゆる「郵政解散」総選挙において、女性議員を比例の各ブロックの順位上位に優遇したことにより、当時43人という史上最高の女性議員が誕生することにつながりました。これは非常に画期的な施策でした。

他方、これは「刺客」と呼ばれ、過度に扇情的な取り扱われ方をしたほか、比例単独の議員が選挙区で地盤を確保できず、女性が十分に選挙区に定着するには至りませんでした。

日本の重複立候補という制度で、「惜敗率が高い＝選挙区で支持されていた」ということは民意の象徴でもあり、たとえ女性を増やすという大義名分があったとしても、その惜敗率以上に優遇することとは、有権者の付託という点で難しい問題があります。

しかし、本来拘束名簿式というのは、政党がどのような候補者を擁立するかということを主体的に選ぶための制度であるはずです。

残念ながら、選挙区に女性を増やすのは、とてもとても難しく長い道のりです。しかし、まずは比例から、そして落下傘候補から増やしていく。そして、その声を法案として実現し、選挙区の空気を変えていく。

日本の議会には対処すべき沢山の問題があり、その問題を解決するためにはあらゆる声を代弁する多様性が必要ではないでしょうか。

同性婚は違憲なの？

こんな疑問に答えます
・同性婚と憲法24条の関係性
・なぜ同性婚は違憲でないと言えるか
・憲法と新しい家族観の関係性

同性婚を認めている国は、世界のＧＤＰに占める比率は52・7％、パートナーシップ制度を持つ国も合わせると、世界全体のＧＤＰの58％を占めるということも今指摘をされております。

さらに、先進主要国七カ国、Ｇ７と呼ばれる中で、もうこれは私の方から御紹介申し上げますが、実は、同性婚を認めている国は五カ国、そして、同性パートナーシップ制度を認めているのはイタリア。つまり、アメリカ、カナダ、ドイツ、フランス、

イギリスでは婚姻の平等が既に達成をされています。そして、イタリアも同じような制度がありますから、もうこういう制度がないのは、G7においては日本だけになった。こういう状況が今生まれているわけです。

尾辻かな子衆院議員
平成31年2月14日　衆議院予算委員会

同性婚と性的マイノリティの権利は、国会ではどのように議論されてきたのでしょうか。2019年6月に、冒頭質疑を紹介した尾辻かな子衆院議員などを中心に同性婚の法案が提出されています。

同性婚の問題というのは、憲法のあり方、あるいは法律そして国会のあり方を考える上では、モデルケースであると言ってもいい論点です。

それは、憲法24条における短い文言をどう解釈するか、その制定の審議がどのように行われていたかによって、この短い条文から様々な歴史と経緯が見えてくるからです。

「両性の合意」とは何か?

❖日本国憲法第二十四条❖

婚姻は、両性の合意のみに基いて成立し、夫婦が同等の権利を有することを基本として、相互の協力により、維持されなければならない。

配偶者の選択、財産権、相続、住居の選定、離婚並びに婚姻及び家族に関するその他の事項に関しては、法律は、個人の尊厳と両性の本質的平等に立脚して、制定されなければならない。

日本国憲法にある「両性の合意」は、近年同性婚を認めない理由として提示され、ときに自民党議員などから改憲の理由として上げられることもあります。

同性婚には非許容説・許容説・保障説といった学説があります。

❖①非許容説❖

憲法24条に「両性の合意」とあることから、文理解釈上現行憲法では許されないとする。

❖②許容説❖

憲法24条に「両性の合意」とあっても、婚姻両当事者以外の合意は不要であるとの趣旨であり、また、憲法制定当時は同性婚に対しては無関心であり、時代の変化に伴い同性婚の課題が顕在化した以上、憲法24条によって同性婚制度の立法が禁じられてはおらず、憲法上許容されるとする。

❖③保障説❖

憲法13条、24条等に基づき積極的に同性婚が憲法上保障されるとする。

憲法学者の木村草太氏はこのように述べています。

たしかに24条には「婚姻は両性の合意のみに基づいて成立する」と書いてあります。しかし、この条文が同性婚を否定していると解釈する人は、ここで言う「婚姻」の定義を明確にしていません。その定義が同性婚を否定しているかどうか判断するために重要な要素であるにも関わらず、です。婚姻とは何を指すのかを明確にする必要があります。

24条で言う「婚姻」にもしも同性婚が含まれるとすると、「同性婚が両性の合意に

よって成立する」というおかしな条文になってしまいます。ですから「ここで言う婚姻は異性婚という意味しかない」と解釈せざるをえないのです。

つまり24条は「異性婚」は両性の合意のみに基づいて成立するという意味なのです。ここに解釈の余地はありません。そうである以上、同性婚について禁止した条文ではないということです。

HUFFPOST「「同性婚と国民の権利」憲法学者・木村草太さんは指摘する。「本当に困っていることを、きちんと言えばいい」」２０１７

条文や学説についての説明はこの程度にして、国会でいかにして「両性の合意」が議論されてきたのか、見てみましょう。

憲法24条はどのように決まったのか？

そもそも「両性の合意」とは何なのか。それを考えるためには、日本国憲法が出来る前にどのような制度になっていたのかを考える必要があります。

日本国憲法制定前、日本には家制度と呼ばれる制度がありました。

家制度というのは、一族経営の会社に例えるとわかりやすいかもしれません。家督（家長権）は経営権であり、通常は長男が家督を相続します（戸籍制度というのはこの家制度の名残です）。そして、家督を相続した家長以外は、家長の部下として扱われます。自分で勝手に結婚することも離婚することも、家を決めることも出来ません。家から追放することも出来てしまいます。

田舎に一、二日泊りがけで参りましても、きつと子供ができるまでは届出をしない風習、あるいは家風に染むか染まないかを試すまでは届出をしないというあの悪習慣のために、届出でないでその間に何か難癖をつけて歸らされておるかわいそうな妹をもつ兄さんや娘さんをもつお父さん、あるいは本人たちが、いろいろな相談に見えます。

立石芳枝公述人
昭和22年8月21日　衆議院司法委員会公聴会

実際、戦前は上記の公述人の発言にあるように、子供が出来ないと結婚を認めない、家長に従わないと一方的に離縁させるというようなケースも多数ありました。

「両性の合意」は、このような文化風土を変え、家制度を断ち切るために憲法に盛り込まれました。実際、ＧＨＱによる英文の草案はこのようになっています。

Marriage shall rest upon the indisputable legal and social equality of both sexes, founded upon mutual consent instead of parental coercion, and maintained through cooperation instead of male domination.

婚姻は、両性の、明確な法的・社会的平等に基づき、親による強制ではなく互いの合意によりなされ、男性優位ではなく二人の協力により保持されるべきである

新憲法における両性の合意は概ねそのように受け止められ、新憲法交付後の第一回国会では、このように語られています。

「婚姻は両性の合意のみに基いて成立し、夫婦が同等の権利を有することを基本として、相互の協力により、維持されなければならない。」と規定されてあります。大抵の人たちは、この條文は男尊女卑という封建的な遺物を清算し、封建的な思想を解消して、そうして夫婦同権に向つて女性の解放を定めたものと見ているようであります。

榊原千代衆院議員
昭和22年8月8日　衆議院司法委員会

当然ですが、この時同性婚などという概念は、一般に浸透している、と言えるものではありませんでした。平成に入って以降も、両性の合意は基本的に女性の権利保証と個人主義を記したものだと理解されています。

第二十四条は、婚姻が両性の合意だということが書いてある。一回だけ家族という言葉が出てくるのは、「離婚並びに婚姻及び家族に関するその他の事項に関しては、法律は、個人の尊厳と両性の本質的平等に立脚して、制定されなければならない。」いわゆる徹底的な個人主義。家族というのはそれに準ずるものだというような考え方で書かれている。

鳩山邦夫議員
平成12年10月26日　衆議院憲法調査会

同性婚という問題が持ち上がってくるのは、日本においてはずっと後のことで、議事録に残る限り、平成16年における参考人のこの発言が初めてです。

同性愛行為が自己決定権のうちに入るかは難しい問題ですが、少なくとも同性婚に関して言いますと、これは議論がありますが、日本国憲法の場合には二十四条で法律上の婚姻が尊重されるべきであるという規定があって、そこには婚姻は両性の合意に基づくということになっていますので、通常の解釈は、法律上の結婚は男性と女性と、両性というのはそういう意味だと。

赤坂正浩参考人

平成16年11月17日　参議院憲法調査会

つまり、憲法制定当時、この条文が同性婚を禁ずるために作られた、あるいは異性婚のみを婚姻と認めるために作られたとは当然考えられず、あくまで女性の権利保護として制定されている、というのが当然の解釈です。

政府見解は「想定されていない」

それでは、政府の憲法解釈はどのようになっているのでしょうか。平成31年2月14日の衆議院予算委員会における、尾辻かな子衆院議員と山下貴司法務大臣のやり取りを見てみましょう。

尾辻かな子議員（立憲民主党）

今度は憲法との関係を聞いていきますけれども、憲法二十四条は、同性婚についてどのように、合憲なのか違憲なのか、同性婚を禁じているのかどうか、この解釈は今はどうなっているでしょうか。

山下貴司法務大臣（自由民主党）

お答えいたします。

憲法第二十四条第一項は、婚姻は、両性の合意のみに基づいて成立すると定めておりまして、当事者双方の性別が同一である婚姻の成立を認めることは想定されていないものと考えられます。

尾辻かな子議員（立憲民主党）

想定されていないというのは、禁じているのか禁じていないのかということについてお答えください。

山下貴司法務大臣（自由民主党）

私ども法務省として申し上げられますのは、先ほども申し上げたとおり、憲法二十四条第一項は、婚姻は、両性の合意のみに基づいて成立すると文言上定めており、当事者双方の性別が同一である婚姻の成立を認めることは想定されていないものと考えられるということでございます。

政府は同性婚については「想定されていない」と答えている一方で、「禁じられているか」については明確に答弁していません。憲法24条にせよ、民法によって同性婚を想定して制定されていないことは明らかです。

少なくとも、政府の公式見解として、24条が民法上での同性婚成立を禁じていると解している、と発言しているわけではなく、十分に法案制定の余地を残した解釈と言えるのではないでしょうか。

平成30年の質問主意書においても、「極めて慎重な検討を要する」としながらも、将来的な同性婚の成立については一定の含みをもたせている、とも取れる回答をしています。

憲法第二十四条第一項は、「婚姻は、両性の合意のみに基いて成立」すると規定しており、当事者双方の性別が同一である婚姻（以下「同性婚」という。）の成立を認めることは想定されていない。

いずれにしても、同性婚を認めるべきか否かは、我が国の家族の在り方の根幹に関わる問題であり、極めて慎重な検討を要するものと考えており、「同性婚に必要な法制度の整備を行わないことは不作為ではないか」との御指摘は当たらない。

衆議院議員　逢坂誠二君提出
日本国憲法下での同性婚に関する質問に対する答弁書

同性婚は憲法に反しているのか？

政府見解で、同性婚が違憲であるという憲法解釈は今のところ取られていないことがおわかりいただけたのではないでしょうか。

また、憲法24条が同性婚を禁ずるために制定されたわけではないこともご理解いただけると思います。

しかし、一部で同性婚は憲法24条に反しているという意見があります。そもそも、同性婚は24条に反しているのでしょうか？

そもそも、同性婚が違憲であるとは、どういう状態でしょうか。例えば、憲法36条では残虐な刑罰を禁じています。

日本国憲法　第三十六条
公務員による拷問及び残虐な刑罰は、絶対にこれを禁ずる。

同性婚は前記の通り、憲法で規定されていないため、36条のように明示的に禁じられているわけではありません。

先ほど引用した制定の経緯等を考えても、条文が明示的に同性婚を禁じたものではなく、「当事者以外によって結婚が妨害されてはいけない」という趣旨であることは明白でしょう。

そもそも結婚とは法律上何か

とすると、「結婚とは、何によって認められているのか？」という疑問が湧くのではないでしょうか。例えば、仮に憲法24条が存在しなかったとします。その場合、民法で婚姻を規定することは違憲になるのでしょうか？

象徴天皇の地位は、憲法1条を根拠にしていると考えるのが自然です。憲法1条や2条なしに、皇室典範や民法のみで象徴天皇が存在することはあり得ないでしょう。

婚姻とは、これと同じように、憲法を根拠に成立しているのでしょうか？

憲法24条とは、日本国憲法のもとで新しく成立した条文で、明治憲法には存在しない条文です。ところが、新憲法以前から、民法で婚姻は規定されていました。

つまり、婚姻というもの自体はそもそも、憲法（24条）を根拠にして成立しているのではない、と解釈するのが自然ではないでしょうか。

日本国憲法下において結婚という制度は家制度のような社会制度、家族単位での関係性ではなく、あくまで個人と個人の関係性です。その個人間の関係性に対して、国が可能な限り権利保障することが結婚制度の趣旨と言えます。

日本国憲法において規定された最も重要な人権の一つは憲法13条における幸福追求権です。

日本国憲法　第十三条

すべて国民は、個人として尊重される。生命、自由及び幸福追求に対する国民の権利については、公共の福祉に反しない限り、立法その他の国政の上で、最大の尊重を

必要とする。

同性婚が公共の福祉に反すると思われる理由はありません。政府見解と同じく憲法24条が明示的に同性婚を禁じていない限り、同性婚を民法上認めることは全く憲法に違反しないと考えるのが自然です。

禁じていると考える根拠はどこにあるのか？

家族観に関わる問題であるという政府見解には一定の理があります。そもそもこれは違憲か合憲かという話ではありません。政府が多様な価値観を認め、人々がそれを後押しし、個人の権利保証をいかに行うか、という問題です。

憲法24条が果たした意味を改めて深く考えると、「女三界に家なし」と言われ、家制度下で権利保障されなかった女性の苦悩は国会の議事録に刻み込まれています。それを受けた上で制定されたのが憲法における「両性の合意」でした。

戦前、家制度と家督制度に縛られた女性が、いかに低い地位であったのか。そしてそれが、家督の廃止と結婚の自由によって、いかに解放されていったのか。その変化に憲法24条は、大きな意味を果たしていたのです。

人間の権利保障を高らかに謳った条文が、70年の時を経て、愛し合う同性カップルの権利を阻むかのように引用されていてはいけません。

国会における「女性議員」が直面する問題とは？

こんな疑問に答えます

- 歴史で見る、女性議員への差別的な取り扱い
- 国会における人権意識
- 無くならない差別的発言

私に向つて、廊下に出ることを、彼は暴力をもつて強要いたしました。私も相当な力は持つておりますけれども、泥酔せる男子にはかないません。そこで、彼は暴力を

もつて私を参議院食堂の外の廊下に引出しました。そうして、彼の行いました行動は……（「恥を知れ」と呼ぶ者あり）

私が恥を知らなければならないことを、私はここに断言いたします。私に向つて恥を知れと言う民主自由党に、私はあえて申します。大蔵大臣に向つて私は申します。今晩あなたは泥酔して許される立場の人でない、そのあなたが何をなさんとするか。そんなことが何で今晩必要なんだと彼は申しました。私に恥を知れと言う前に、綱紀粛正を呼ぶ吉田内閣の恥を知らしめんと、私は立つたのであります。

山下春江衆院議員
昭和23年12月13日　衆議院本会議

これまで、国会において女性はどう扱われてきたのでしょうか。国会における女性の扱いは、日本の女性の扱われ方を映す鏡です。

国会キス事件

冒頭紹介したのは、「国会キス事件」と言われる性的暴行事件の被害者である山下春江衆院議員の本会議での発言です。

皆さんはこの事件についてご存じない方が多いのではないでしょうか？

これは、当時の大蔵大臣（今の財務大臣）である泉山三六氏が、国会内で飲酒をして、参議院議員である山下春江氏に対してキスしようと暴行を働き、挙句に噛みついて怪我をさせたというとんでもない事件です。

国会内で飲酒が出来るというのも現在から見れば隔世の感があります。山下議員による供述を見ると、これは単なるセクハラの域を超え、性的暴行と呼べるものであることがわかります。

しばらくして泉山大藏大臣は來られたのでありますが、何でも二、三ばいお酒を飲まれたと思うところ、そこに給仕に参りました食堂の女中を、首の所を何か抱きかかえたようなかつこうをして、これは私のたいへん好き——と言いましたか、愛しておると言つたか、何でもそういう婦人だから御紹介いたしますということを申しておりました。（中略）

泉山さんはもうこんな所はつまらないからほかへ行こう、こういつて私の右腕をつかんで立たせようとしました。私が立たなかつたために、いすが横になりまして倒れそうになつたので、私は立ちました。立つたとたんに彼は非常な力を出して私を廊下の方へ連れ出したのであります。
それに反抗したのですが、かなり力のある人で廊下のまがつたところの階段におりるまん中辺まで來て、何をするんですかと言つたところが、やかましいことを言わないでも、ここにはだれもいないよ、こういうことでした。（中略）
泉山さんの力はかなり強いのと、その言動、行動が非常に狂暴なものがありまして、しかも私は日本の大臣がこういう行いをなすであろうかということを想像されないような、まことにここで発表することは泉山さんの人格の上からも、私自身も口にいたしたくないような行動を彼はとりました。
そこで私はやむを得ず、彼の力まかせに抱きしめておる中ですから、あちらこちら頭を振りまわしておる間に、私の左あごのところに今傷がついておりますが、彼が多分私の皮膚が切れたのではないかと思うほど非常にひどくかみつきましたので、思わず私は右の手で彼をなぐりつけました。それでやや手がゆるみましたので、私は抱きかかえておる手の下をもぐつて、私はもとの参議院へ帰つて行きました。

昭和23年12月14日　懲罰委員会

しかし、この事件に際して、結果的に世間の批判を受けたのは山下春江議員の方でした。

懲罰委員会においても、今で言えば、「セカンドレイプ」と言われても仕方のないやり取りが繰り広げられます。

鈴木（仙）委員

山下さんの平素の行為、そのときほんとうにやさしい婦人代議士として典型的な態度をとっておられたかどうか。

明禮委員長

それからもう一つお尋ねいたしますが、あなたはどのくらい酒を召上りますか。「いらぬことを聞くな」と呼び、その他発言する者あり」

明禮委員長

参考に聞いておるのです。どのくらい召上りますか。

高橋（英）委員

小さいコップですか。

山下春江君

そうです。ウイスキー・グラスのちよつと形のかわつた小さなグラスです。

高橋（英）委員

あなたがおさしになつたのではないのですか、立て続けに……。

山下春江君

断じてありません。

高橋（英）委員

この泉山さんと山下さんは、非常にお心やすいじやないかと聞いたのですが、先ほどの話ではそうじやなかつたのですか。泉山さんに対するあなたの呼びかけは「三六さん」というようにお言いにならなかつたですか。

山下春江君

断じて私は大臣に向つて、さような無礼な言葉を使つた覚えはありません。

最終的に、このあと野党は全面的に審議を拒否、泉山三六大蔵大臣は引責辞任と議員辞職に追い込まれました。

彼は、このあと失意の晩年を過ごしたのでしょうか？

そうではありませんでした。泉山氏はかえって人気を博し、1950年の参議院議員選挙で全国7位の得票数で当選し、その後12年もの長きにわたり参議院議員を務めました。なんと晩年には「トラ（泥酔する）大臣」を自称して、本まで出しています。

一方、山下議員は「隙があった」と批判を浴び、更に、大臣を誘ったのではないかというデマも流布されたようで、落選の憂き目にあいます。

下記のごとく、宮本百合子氏のような反応が世間の大半の反応（いや、女性がこう書いているということは、おそらくそれ以上）であったことが推測されます。

山下春江代議士の日ごろの態度にもすきがあったことはたしかでしょう。婦人代議士があれほど、「婦人の問題は婦人の手で」といって立候補しながら議会開会の全期間をつうじてその議場の演壇からもっとも雄弁にうったえることができたのが今日の醜態事件についてであるということは、またブルジョア婦人代議士の悲惨なる境遇をものがたっています。

残念ながら、性的暴行の加害者が免責され、被害者の態度などに矛先が向く、という風潮は、この70年の間変わっていません。

「妾」と「二号」

国会議員に「妾」や「二号」がいることは、かつてそれほど珍しいことではありませんでした。かつて政界の寝業師として恐れられ、自由民主党結成にも大きく関与した政治家、三木武吉がいました。

彼は討論会で「三木には妾が4人もいる」と問われ、「私には、妾が4人あると申されたが、事実は5人であります」と答えて喝采を浴びました。

そもそも、今では考えられませんが、日本において地位の高い男性が妾を持つことは許容されていた節があります。

人殺しとか、窃盗のように、社会の通念が罪悪と感じている場合と違つて、妾をおくなど世間あたりまえのこととみている。そこに刑罰としての姦通罪をおいても意味

をなさないというのであります。しかしこれに対しては、私はむしろ姦通両罰制度を規定することによつて人世観をかえていくものと確信します。なるほど家族制度に妾をおくことはつきものであつた。その結果妾をおくことは男の腕と考えられたような世界観のもとに、姦通が罪悪視されなかつたのは当然であります。

榊原千代衆院議員
昭和22年10月3日　衆議院司法委員会

戦後になり家督制度・家制度が廃止され、また国会議員においても男子のみが被選挙権を持つという状態は解消されてなお、国会の家族観というのはゆっくりとしか変わっていかなかったことがわかるでしょう。

戦後、日本の家庭は核家族化していきましたが、男性有力政治家は愛人や妾を持つことが珍しいことではありませんでした。そのような「男社会」が、結果的に政治における性の平等の実現を阻んできたのではないでしょうか。

「姓」と「性」

政治家にとって「姓」は極めて重要です。

ところが、このように姓を変えることにデメリットが多い世界であるにもかかわらず、国会内での選択的夫婦別姓の議論はなかなか進んでいません。

昭和30年代より法制審議会などで度々議題に上がりながら、未だに実現していないのが現状です。

このような問題は結局その国の文化的な伝統と申しますか、そういうものに非常に左右されることでございますので、そういったものを踏まえまして、国民の意識が一体どういうふうにあるかという把握を前提にしまして、それを踏まえて議論しよう、こういうふうなことのようでございます。直ちにいま夫婦別姓を採用するというのは、ちょっと時期尚早ではなかろうかというふうなのが大方の御感触のようでございます。

香川保一政府委員

昭和50年11月18日　参議院法務委員会

政治家の世界でも、ほとんどの場合で女性が姓を変えるという構造は変わりません。大政治家の娘であれば、男性側が姓を変えて婿入りするケースもありますが、ほとんどは女性が姓を変え、そして旧姓を利用して活動します。

保守政治家として知られ、選択的夫婦別姓に反対している女性政治家の中にも、政治家として旧姓を利用して活動している方は少なくありません。名前を変えてしまうことのデメリットがこれほど大きな世界はないからです。

強制的な夫婦同姓が、結果的に女性政治家の活動の障害の一つになっています。

「セクハラとは縁遠い方々」「女性はいくらでも嘘をつく」

冒頭、戦後すぐの議会のあり様について述べましたが、この状況はどの程度変わっているのでしょうか？

例えば、財務省事務次官のセクハラが問題になったとき、保守政党の議員が、セクハラ問題に批判の声を上げている女性議員の写真（男性議員も含まれている）を添付し、このようにつぶやきました。

セクハラはあってはなりません。こちらの方々は、少なくとも私にとって、セクハ

ラとは縁遠い方々です。私は皆さんに、絶対セクハラは致しませんことを、宣言致します！

このような「揶揄」を行う感覚の持ち主が平然と議会活動を行っていることは、日本の議会の現状を現しています。

また、この事件では現職の大臣が「セクハラ罪という罪はない」と発言するなど、人権意識の低さを露呈しました。

また、政府与党の部会で「女性はいくらでも嘘をつける」などと発言した女性議員がいたこともよく知られています。このように、女性が女性差別の構造に対してまっすぐと声を上げられないばかりか、むしろ保守的、差別的な政策や言動をとってしまうことが、今の国会の現状です。

女性議員の数を増やし、発言力を高めることで、女性議員が自分たちの問題にしっかりと声を上げられるようにすることが重要です。

あとがき

本書は、可能な限り時事問題を扱うことなく構成しました。時間とともに陳腐になることなく、長い期間読んでいただきたいとの意図です。

しかし、今このあとがきを書く上では、我々が今直面している感染症危機に触れざるを得ません。


映画「タイタニック」では、危機に直面したとき、人々の本当の姿があらわになります。毅然と人生の最後を迎える人、人を蹴落とす人、狂気に走る人、自らの仕事を全うする人……。

我々の社会も、危機に直面したとき、社会の本当の姿……すなわち、脆弱で、機能不全に陥っている部分が浮き彫りになるのです。
感染症危機で明らかになった課題の中には、国会で提起されていながら、見過ごされてきたものが少なくありません。脆弱なセーフティーネット、デジタル化の遅延、あるいは地方自治体の疲弊。これらは、国会の議事録を紐解けば、どこかで誰かが発言しています。

行政が機能不全に陥ったとき、それを変えられるのは立法府です。そして、立法府が機能するためには、単に選挙のときだけではなく、我々一人ひとりが政治参加する必要があります。
我々が国会を監視するとともに、国会が問題提起したことを真剣に考え、行動することが必要なのです。

本書は入門書としては少し難しかったり、マニアックなテーマを扱っていますが、単なる制度の説明にとどまらないガイドブックを目指し、発刊しました。本書をお読みいただき、少しでも議会政治に興味を持っていただければ、著者としてこれにまさる喜びはありません。

本書は沢山の皆様にご助力いただき、完成しました。

「どんなテーマを書いてもいい」という望外のオファーをいただき、根気強く原稿をお待ちいただいた現代書館の須藤岳さんと、日々Twitterでご指導いただいている皆様、とりわけ、踊♥ウタマロさんにお礼を申し上げます。

我々が政治に興味関心を持とうと、持つまいと、誰が総理大臣になろうと、我々の日常は続き、そして、我々の人生も続きます。最後に、イギリス史上最大の危機に立ち向かった首相、ウィンストン・チャーチルの言葉を引用して、結びとします。

「成功はゴールではなく、失敗はすべての終わりではありません。重要なのは継続する勇気です」

参考文献

向大野新治『議会学』吉田書店、2018年
川人貞史・増山幹高「権力融合と権力分立の立法過程的帰結」2005年
芦部信喜『憲法 第七版』高橋和之補訂、岩波書店、2019年
朴志善「立法前審査制度の国際比較」2017年
衆議院ホームページ「国会について」
参議院ホームページ「国会のしくみと法律ができるまで！」
田村充代「「がん対策基本法」の立法過程――脳死・臓器移植問題とクローン人間作製禁止問題との比較を通じて」2008年
国立国会図書館「議員立法はどのように行われてきたか」2016年
五ノ井健「日本の議員立法――国際比較の視点から」2017年
議会雑感「委員会提出法案（委員長提出法案）――その2」2016年
財務省ホームページ「一般会計に対して、特別会計とは何ですか」
財務省ホームページ「財務省のしごと　パンフレット」
内閣府ホームページ「IT革命の中での諸外国の中長期財政計画に関する調査作業報告書」2002年
議会雑感「「質問」「質疑」の違いと質問主意書」2017年
田中信一郎「なぜ、国会は質問制度を強化してこなかったのか――国会改革論議から見る阻害要因の

検証」２００９年
南部義典「本会議趣旨説明要求」２０１６年
角松生史「議事妨害（フィリバスター）と「アメリカの理想」――スミス都へ行く」１９９８年
国立国会図書館「欧米主要国議会の会期制度」２０１３年
森本昭夫「会期制度の内実」２０１７年
奥健太郎「自民党結党直後の事前審査制」２０１６年
川人貞史「与党審査の制度化とその源流」２０１６年
武蔵勝宏「与党による閣法事前審査制の見直しに関する考察」２０２０年
中原精一「参院比例代表制選挙とその評価」１９８４年
堀江湛「参議院選挙制度の検証」２００５年
川人貞史「中選挙区制研究と新制度論」２０００年
スティーブン・R・リード「並立制における小選挙区候補者の比例代表得票率への影響」２００３年
山口和人「ドイツの選挙制度改革：小選挙区比例代表併用制のゆくえ」２０１２年
篠田英朗「日本の改憲議論とイギリスの大混乱から「首相解散権」を考える」現代ビジネス、２０１９年
内閣府男女共同参画局ホームページ「諸外国における政治分野の男女共同参画のための取組」２０２０年
スティール若希「日本の衆議院における女性代表――小選挙区比例代表並立制下の「暫定的」措置と機会の拡大」２０１１年
上田宏和「日本における同性婚容認の可能性――アメリカ合衆国最高裁判所の同性婚容認判決の論理

を示唆として」２０１７年
ＥＭＡ日本ホームページ「憲法記念日：日本国憲法は同性婚を禁じていない」

平河エリ

HIRAKAWA Eri

ライター。京都市出身。
早稲田大学卒業後、外資系IT企業にて勤務し、
その後コンサルタントとして独立。
ブログ「読む国会」が話題となり、ライターとして
議会政治、選挙などを専門分野に活動。
朝日新聞、講談社、扶桑社、サイゾーなど
各社媒体で執筆。

25歳《さい》からの国会《こっかい》

武器《ぶき》としての議会政治入門《ぎかいせいじにゅうもん》

2021年7月31日　第1版第1刷発行
2021年9月11日　第1版第2刷発行

著者　平河エリ
発行者　菊地泰博
発行所　株式会社現代書館
〒102-0072　東京都千代田区飯田橋3-2-5
電話 03-3221-1321　FAX 03-3262-5906　振替 00120-3-83725
http://www.gendaishokan.co.jp/
印刷所　平河工業社（本文）　東光印刷所（カバー・表紙・帯・別丁扉）
製本所　鶴亀製本
ブックデザイン　伊藤滋章

校正協力：高梨恵一

ISBN978-4-7684-5904-1
定価はカバーに表示してあります。乱丁・落丁本はおとりかえいたします。

活字で利用できない方のための
テキストデータ請求券
『25歳からの国会』

現　代　書　館

国家方針を転換する決定的十年

新自由主義から社会的共通資本へ

田中信一郎 著　　1700円＋税

民主主義と地球環境を左右する「決定的十年」の2020年代。日本の有権者に国家方針を選択する機会が訪れた。「新自由主義」の継続か、「社会的共通資本」への転換か。二大選択肢を、与党ブロックと野党ブロックの国家観、国民観、社会観、経済観を踏まえ丁寧に解説。

政権交代が必要なのは、総理が嫌いだからじゃない

私たちが人口減少、経済成熟、気候変動に対応するために

田中信一郎 著　　1700円＋税

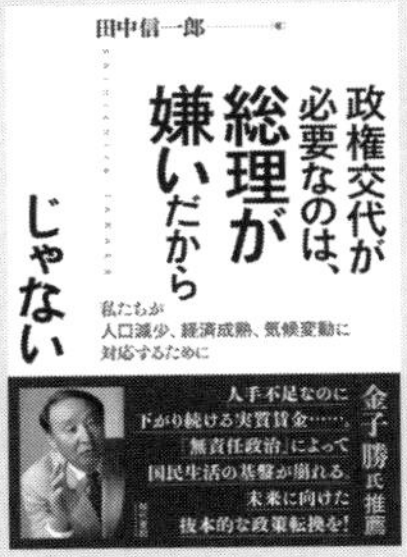

人口減少時代を迎え、従来の経済認識やアプローチの転換が不可欠であることを丁寧に説き、現代日本の諸論点について現実の分析に基づいた実践的な対応策を盛り込む。新自由主義との訣別によって拓かれる新たな経済政策と社会のビジョンを鮮やかに提示している。

コーヒーを味わうように民主主義をつくりこむ

日常と政治が隣り合う場所

秋山訓子 著　　1700円＋税

第一線の政治記者として活躍する朝日新聞編集委員が、しばし永田町を離れ、「草の根民主主義」が脈打つ現場を訪ね歩く。「民主主義はやっかいだけど、時間をかけてこだわって、ていねいに、がまんしつつも面白く。おいしいコーヒーを味わうために、豆の栽培や輸入法、焙煎や淹れ方にも気を配るように。」